は　はいつも今

主婦にやさしいお金の増やし方BOOK

主婦投資家
りりな

はじめまして、りりなです

洋服、コスメ買いまくりで、お金が貯められない。
通帳の残高がわからない。
経済に興味もないし、時間があったら
全録画したドラマやＹｏｕＴｕｂｅを見る生活。
投資をするような人間ではなかったのです。

そんな私が変わろうと思ったのは、２０１８年の結婚でした。
今まで自分のことだけを考えていればよかったのに、
結婚して家庭のことを考える中で、漠然としたお金の不安が……。
さらに定年退職まで働くつもりだった仕事も辞めることになり、
不妊治療のお金も必要になりと、ますますお金の不安が増していき……。
そんな時、雑誌で偶然読んだ、つみたてＮＩＳＡ・ｉＤｅＣｏの特集。
まわりに投資をしている人がおらず、正直怖かったのですが、

お金のことをどうにかしたいという一心で、
つみたてＮＩＳＡで投資の世界への一歩を踏み出しました。
と同時に、家計管理もはじめ、徹底的にムダを見直し、
ポイントもフル活用。
貯めたお金で投資をして、お金に働いてもらってお金を増やす。
そんな家計管理×ゆるい投資の両輪で、
結婚５年目で総資産３０００万円になりました。
いっぱい失敗もしました。
その失敗があったからこそ、無理しない＆堅実な、
主婦にやさしいお金の増やし方を考えるようになりました。

この本には、
私の実体験を元に、初めてお金と向き合う人に
やってみてほしいことを載せました。
一つでも二つでも、できることから実践してみて、
楽しく賢くお金を増やしましょう。

学び→実践→試行錯誤を繰り返して結婚5年目で資産3,000万円に！

HISTORY

知識0からはじめた

お金と投資　私の年表

2013

りりな・23歳

Start!

入社した会社で、株おじさんと呼ばれる社員の方に出会う。この時、株おじさんがあいた時間に熱心にチャートを見ていたのが印象的でした。株を買えば、株優待がもらえたりするよ！　とも言われたけど、株を買う＝支払うから支出じゃない？　と思い、はじめなかった。株が資産になる概念がわからなかった。

この時は社会人になりたてで、仕事を覚えることに精いっぱいな日々で、自然と株のことは忘れていった……。

2013-2016

歩合制の営業職についていました。ひらすら働いて、実績を上げて給料UPに励む。この時は、働くことがお金を増やす唯一の道だと思い込んでいた。

2017

りりな・27歳　ふるさと納税デビュー

会社の先輩に、電化製品とかももらえてお得だよとすすめられて、これは興味を持ってすぐにスタート。

税金難しそうとは思ったけど、お得そうとも思った。

Debut!

ふるさと納税をして、初めて税金に向き合い、この頃からお金の勉強もするようになってきた。

2018

りりな・28歳　結婚、投資デビュー

Married ♡に

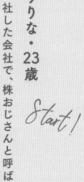

Giving Birth!

この年、結婚を機に家計管理・節約をスタート。つみたてNISA、iDeCoからはじめ、翌年には個別株と、次々に投資もはじめた。

2019

● つみたてNISA

2018年1月にはじまった制度なので情報が少ない中、自分なりに勉強してはじめた。怖かったけど、はじめてよかった。

● iDeCo

この会社でずっと働くぞ！ 将来のために、と思い覚悟を決めてはじめてみた（しかし、その後退社）。

● 個別株投資

株主優待がもらえるオリックスの株（100株・約16万円で購入）でデビューしたよ。

2020

りりな・30歳 退職

妊娠中で、つわりが酷くて何もできない状態の中での株価暴落……。コロナショックで1日60万円の資産が減った日も。

2021

りりな・31歳 出産

コロナショックから回復し、持ち直す。これを教訓に少額投資もスタート。

結果

結婚5年目で総資産3,000万円に増えました。

この本は初心者向けなので出てきませんが、現在は、他にも米国株や暗号資産（仮想通貨）など、いろいろな運用を実践しています。

この本に載せている
私がお金のためにやっていることで
現在 こんなに増えました！

※2023年3月2日時点

楽天ポイント→P28

約100万POINT

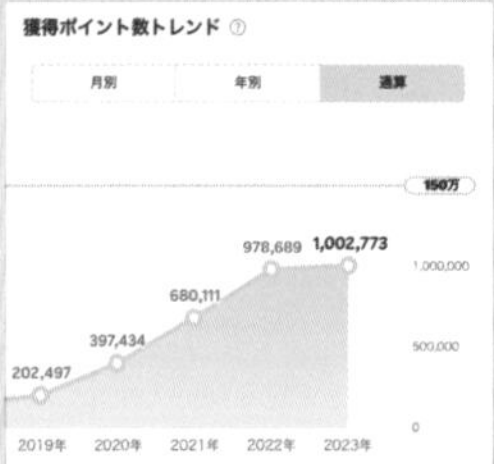

2018年から、本格的に楽天経済圏生活を始めた結果、みるみるポイントが貯まっていった。1ポイント1円相当だから約100万円！

ふるさと納税（→P36）や株主優待（→P97）も、
お金に換算するとすごいかも！
楽しく節約につながっている

株主投資・配当金目的の個別株（日本株）投資での値上がり益→P92

夫名義
＋約53万円

妻名義
合計＋約171万円

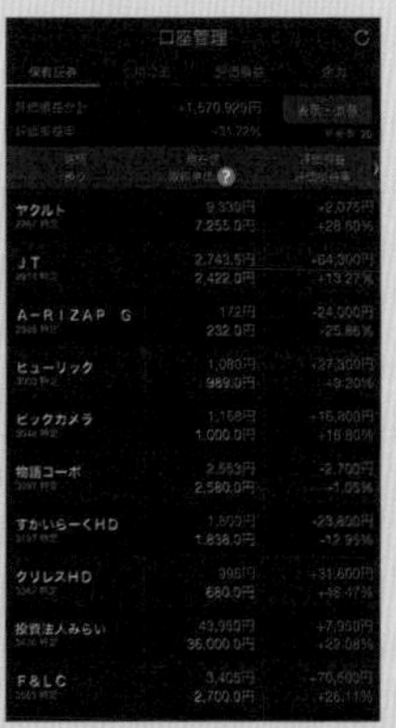

※SBI証券で＋約157万円（写真右）、ネオモバで＋約14万円（写真左）。

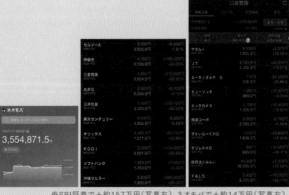

配当金 →P107

→P107

年間約30万円

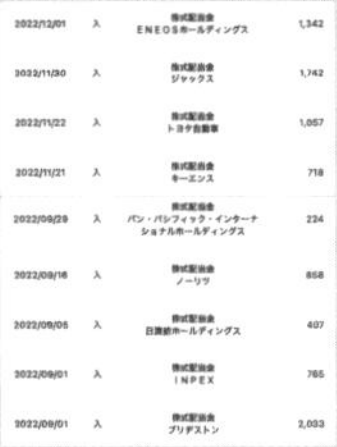

2022/12/01	入	株式配当金 ＥＮＥＯＳホールディングス	1,342
2022/11/30	入	株式配当金 ジャックス	1,742
2022/11/22	入	株式配当金 トヨタ自動車	1,057
2022/11/21	入	株式配当金 キーエンス	718
2022/09/29	入	株式配当金 パン・パシフィック・インターナショナルホールディングス	224
2022/09/16	入	株式配当金 ノーリツ	858
2022/09/05	入	株式配当金 日清紡ホールディングス	407
2022/09/01	入	株式配当金 ＩＮＰＥＸ	765
2022/09/01	入	株式配当金 ブリヂストン	2,033

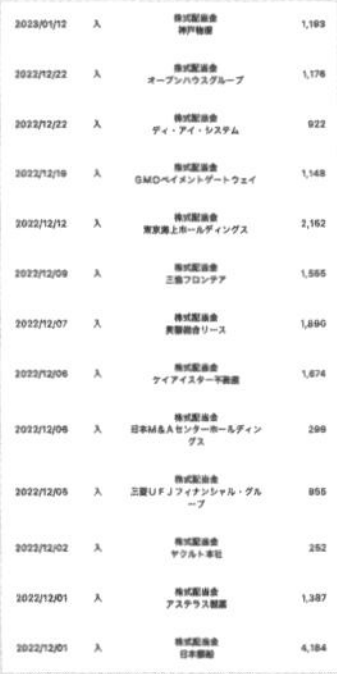

2023/01/12	入	株式配当金 神戸物産	1,193
2022/12/22	入	株式配当金 オープンハウスグループ	1,176
2022/12/22	入	株式配当金 ディ・アイ・システム	922
2022/12/19	入	株式配当金 GMOペイメントゲートウェイ	1,148
2022/12/12	入	株式配当金 東京海上ホールディングス	2,162
2022/12/09	入	株式配当金 三協フロンテア	1,565
2022/12/07	入	株式配当金 芙蓉総合リース	1,890
2022/12/06	入	株式配当金 ケイアイスター不動産	1,674
2022/12/06	入	株式配当金 日本M&Aセンターホールディングス	299
2022/12/05	入	株式配当金 三菱ＵＦＪフィナンシャル・グループ	855
2022/12/02	入	株式配当金 ヤクルト本社	252
2022/12/01	入	株式配当金 アステラス製薬	1,387
2022/12/01	入	株式配当金 日本郵船	4,184

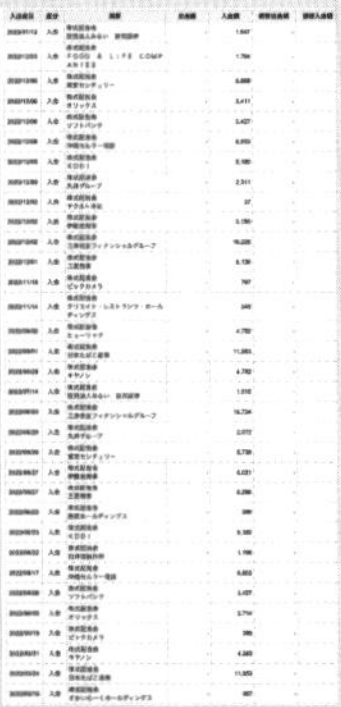

SBI証券入金の配当

つみたてNISA→P52

→P52

夫名義

＋約40万円

妻名義

合計＋約52万円

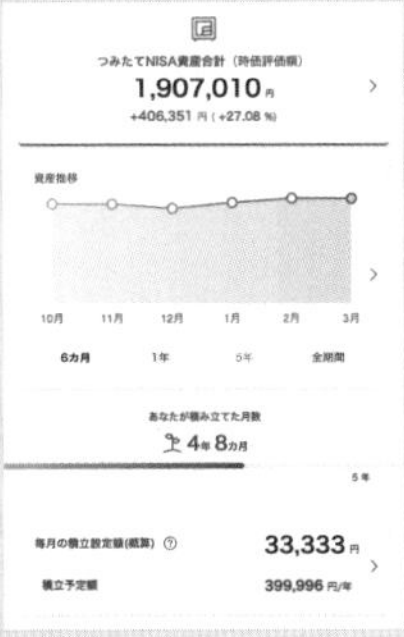

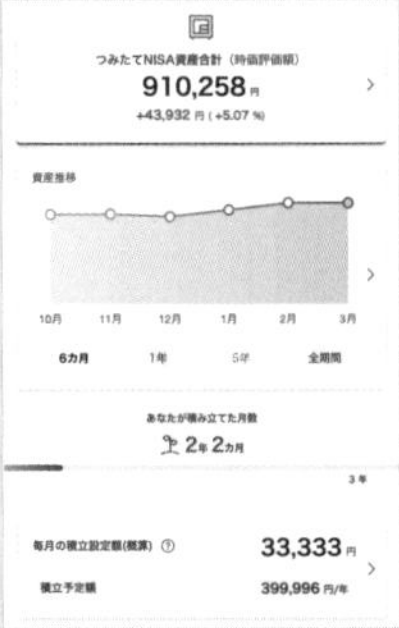

※2020年までSBI証券でやって、そのまま寝かせている（写真右）。2021年からは投資でポイントを貯めるために楽天証券に乗り換え（写真左）。

iDeCo→P128

→P128

夫名義

＋約15万円

妻名義

＋約20万円

この本でできること

この本ではFirst StepからThird Stepまで
やりやすい順に紹介しています！
やり方もわかりやすく「3ステップ」で紹介しているよ。
できそうなことから、やっていこう！

ふるさと納税は
お得すぎる〜
楽しいし、節約にもなる〜

アプリでラクラク
家計管理

POINT
ザクザク

First Step

『家計管理』
『経済圏』

今すぐはじめよう！

毎年もらえる株主優待や
配当金で生活に潤いを。

iDeCoも
知っておきたいよね。

Third Step

『株主優待、
配当金目的の個別株投資』
『iDeCo』

株はお金が働くんだよ。
将来のために
今すぐはじめて。

Second Step

『ふるさと納税』
『つみたてNISA』

NISAがパワーアップ！　新しいNISAについても解説！

コツコツ、コツコツ
お金のなる木を
育てよう！

CONTENTS

First Step

Second Step

Third Step

※本書の内容は2023年3月17日時点の情報に基づいています。本書刊行後に法律や制度、各社のサービス内容が変更される可能性があります。 ※本書は著者個人の経験であり、読者の利益を保証するものではありません。取引銘柄の選択、売買価格等の判断はご自身の責任で行ってください。

Staff

・デザイン
soda design（柴田ユウスケ、竹尾天輝子）
・イラスト
志喜屋麻美（@oekakiaako）
・文
小川美千子
・監修
坂本綾子
・校正
麦秋アートセンター
・協力
山根右帆
・編集
宇並江里子（KADOKAWA）

First Step

お金のことSTART

現状把握は大切。
面倒だなと思っても、ちょっと向き合うだけでぐんとお金が貯まる体質になるよ。

First Step

やらなきゃ損する

『家計管理』と『経済圏』でお金が増える

家計管理（見直し一例）

携帯料金	−9,644円／月
クレジットカード	−1万円／年
保険	−68万円／年

経済圏（ポイントget!）

1,002,773ポイント／7年
（お金と思ったら約100万円！）

『家計管理』は
お金を増やす第一歩。
支出を把握し、
ムダを削ぎ落とす。
過去を振り返り、
反省し、今に活かす。

お金に向き合おう！

『家計管理』と聞くと、「手間がかかりそう」、「子育て、家事、仕事……と忙殺されていてそこまで手が回らない」という人も多いと思います。

私自身、広告代理店で営業職をしていた時、仕事だけでもやることいっぱいなのに、帰りの電車では「今日の夕飯何作ろう？ 食材何あったっけ？」と次のことを考え、家に帰っても夕食の準備、家事とタスクが多い！ 『家計管理』やらなくちゃと思ってはいても、お金のことだから大事だとわかっていてもメンドクサイ……。後回しに。

忙しいのはわかる……だけど、お金を貯めたい、増やしたいと思ったらまず『家計管理』をやってほしいです！ なぜお金を貯めたいのか？ ちょっと考えてみましょう。

- **結婚資金を貯めたい／教育費を貯めたい**
- **車を買いたい／家を買いたい**
- **老後が心配／将来に漠然とした不安がある**

人それぞれの悩みがあってお金を貯めたいはず。お金を貯めたい理由がわかったら、その悩みを解消するために、まずは『家計管理』でお金と向き合って、ムダをなくし、お得にお金を貯めていくのです。

私も結婚して、このままではいけない、なんとかしなければと、試行錯誤して今の形ができあがりました。タスクが多い全主婦に、私がやっている家計管理の方法を届けます！

家計管理の3ステップ

お金を増やすために最初にすべきは、
見て見ぬふりをしていた家計と向き合うこと。
そして、ムダを削ぎ落とし、お金の流れを整えたら、
自然とお金が貯まりやすくなります！

ステップ 1
まずは現状把握
→ P17

ステップ 2
見直しをする
→ P22

ステップ 3
お金の流れを整える
→ P25

さらにさらに！
ポイントを貯めてお金を増やす！
今すぐはじめよう『経済圏』
→ P28

では3ステップと『経済圏』について
もう少し詳しく説明しましょう。

ステップ1

まずは現状把握

1　『家計管理』の第一歩は、今の家計がどうなっているのか、現状を把握することです。

現状把握に必要なツールである家計簿って、すごく面倒で、ちゃんとつけても、〝自分は頑張っている〟とつけただけで満足して終わっていませんか？　私自身も、最初に手書き家計簿で家計管理をしはじめた時は、満足して終わりました（笑）。でも、家計簿をつけただけではお金は貯まりません！　書いて満足はＮＧです。

家計簿をつけるのはお金の使い方を「意識」するためです。つまり、今まで無意識になんとなく使っていたお金を「一体、何に、いくら使ったのか？」を意識するためです。その現状把握の先に、今あるお金をどう増やしていくかということも考えられるようになってきて、お金を貯める体質ができてくるのです。

家計簿をつけたら、次のような項目に注目してください。毎月の収入はいくらで、何にいくらお金を使っているのか？　その中でムダな買い物＝浪費はないか？　現金の預貯金はどのくらい貯まっているか？　現状の支出額だと毎月いくら貯められるのか？　現実を知りましょう。

家計と向き合いましょう。
その先に『家計の見直し』、
『資産運用』が見えてきます。

現状把握の方法①

家計簿は自分に ベストマッチな方法で！

アプリ

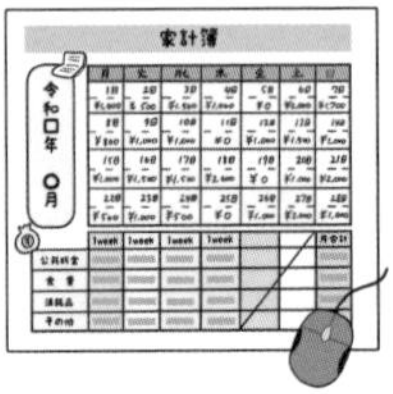

エクセル家計簿

手書き家計簿

現状を把握するには、少し面倒ですが、やはり家計簿は必要です。「把握」するためにと思って、どんな方法でもよいのですが無理なく続けられる方法で、ぜひつけてみてください。

私自身は、手書き家計簿、エクセル家計簿、手帳に書いてみるなど、いろいろ試してみましたが、手書きは書いて満足（で全然見返さない）、エクセルは毎日パソコンを開かない（から挫折）と続かなかったのですが、「家計簿アプリ」に出合い、これが画期的で最高でした！　このアプリは銀行口座やクレジットカードを連携しておくと、収入や支出が自動的に入力され、自動的に計算もしてくれ、電卓を叩く必要なし。仕事や家事に追われる忙しい日常でこれはめちゃくちゃありがたかったです（P20で紹介します！）。

家計簿をつけたら、P19の「1か月の支出洗い出しシート」に「支出」金額を記入してみてください。現状何にいくら使っているのかがひと目で把握できると思います。支出の横に、どの口座から支払っているのか、現金払い？　クレジットカード払い？（どのクレジットカード）なども記載しておくと、支払方法を見直しする時に役に立ちます。

現状把握の方法②

1か月の支出洗い出しシートに記入してみよう

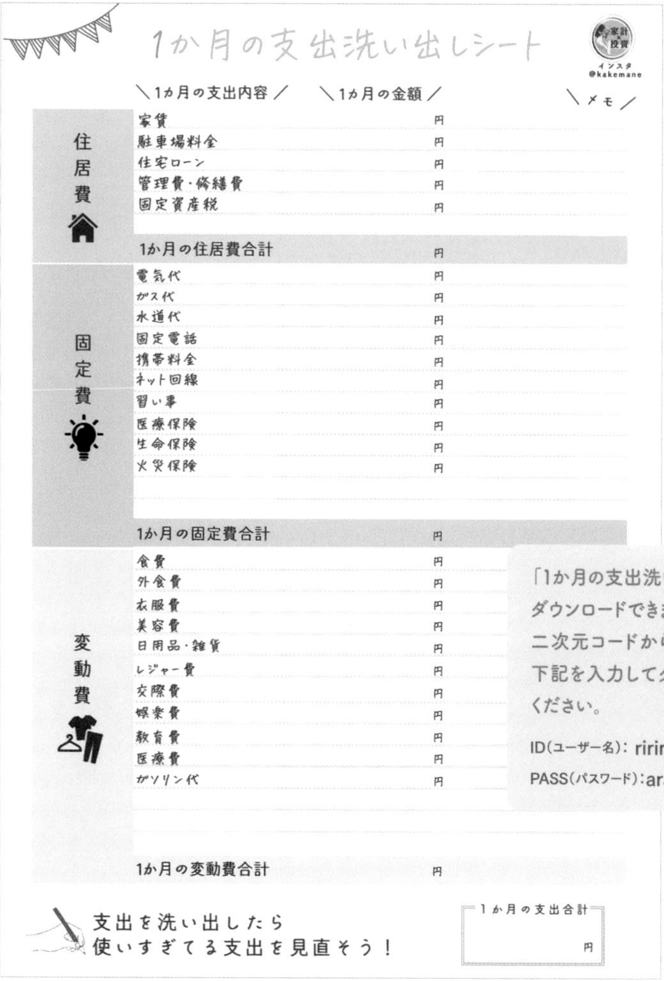

1か月の支出洗い出しシート

家計×投資 インスタ @kakemane

	＼1か月の支出内容／	＼1か月の金額／	＼メモ／
住居費	家賃	円	
	駐車場料金	円	
	住宅ローン	円	
	管理費・修繕費	円	
	固定資産税	円	
	1か月の住居費合計	円	
固定費	電気代	円	
	ガス代	円	
	水道代	円	
	固定電話	円	
	携帯料金	円	
	ネット回線	円	
	習い事	円	
	医療保険	円	
	生命保険	円	
	火災保険	円	
	1か月の固定費合計	円	
変動費	食費	円	
	外食費	円	
	衣服費	円	
	美容費	円	
	日用品・雑貨	円	
	レジャー費	円	
	交際費	円	
	娯楽費	円	
	教育費	円	
	医療費	円	
	ガソリン代	円	
	1か月の変動費合計	円	

支出を洗い出したら
使いすぎてる支出を見直そう！

1か月の支出合計
円

「1か月の支出洗い出しシート」がダウンロードできます。
二次元コードからサイトに飛び、下記を入力してダウンロードしてください。

ID(ユーザー名)：ririna_sheet
PASS(パスワード)：araidashi_sheet1

りりなおススメ

家計簿アプリ

銀行口座やクレジットカードなどの情報を連携すると、
収入・支出があった際に自動的に反映される便利なアプリを使えば、
家計管理の手間が大幅に省けます。
しかも細かい支出も家庭の総資産も一目瞭然で、
さまざまな視点から家計を分析できるようになります！
私が使っているアプリ「マネーフォワードME」を紹介します！

見られるもの

- 収入、支出
- ポイント
- 銀行預貯金、投資信託、株式投資などの資産など

連携できるもの

- 銀行口座
- クレジットカード
- 証券口座
- ポイント
- 年金

「マネーフォワード ME」とは

個人向け・法人向けに金融系のウェブサービスを提供している株式会社マネーフォワードの、個人向け、資産管理・家計管理ツール。

https://moneyforward.com/

家計管理に便利！　自動で費用別に家計が確認できる！

支出の項目を、前月と比べて見られるので、使いすぎもわかりやすいです。

キャッシュレス決済していれば、細かい支出も反映されます。

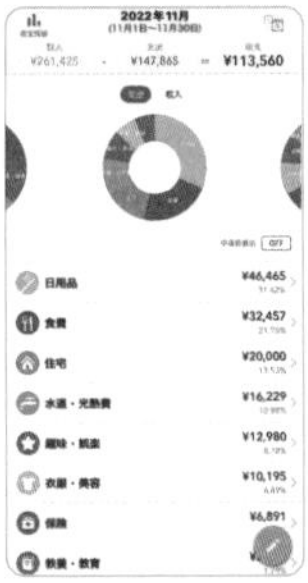

1か月の収入・支出の全体像が把握できます。

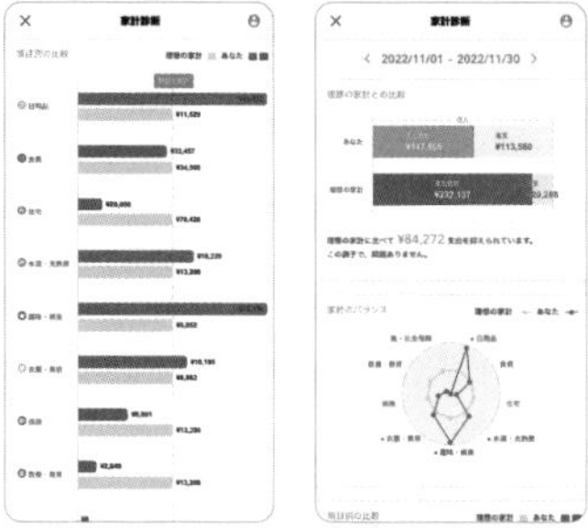

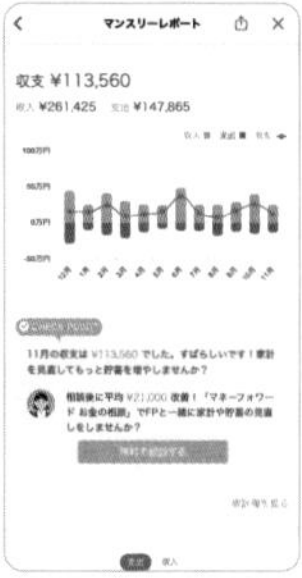

家計診断では、実際の家計と理想の家計との比較もできます。

毎月の収入と支出、それに対してどのくらい貯め残しできているかもひと目で見られます。

「現金預貯金」「投資信託」「株式投資」など、家計の資産に関する最新情報を把握できます！

銀行口座、証券口座と連携させれば、総資産もすぐに確認できて便利です。家計管理と投資の両方に使えるアプリなのです。

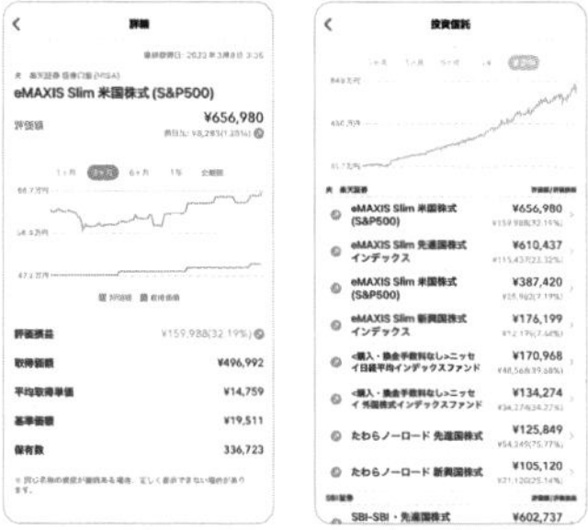

投資信託の画面。投資の推移を1か月、3か月……全期間と見られて、銘柄の損益が確認できます。

マンスリーレポートでは、毎月家庭の総資産が増えたのか減ったのかも確認できます。

※ご紹介している機能の中には、プレミアムサービスでご確認できるものもあります（マンスリーレポートの一部は無料版でご確認でき、家計診断・資産詳細画面はプレミアムサービスでご利用可能です）。

スマホで夫も確認できるので、夫が家計に関心を持つようになったよ！　夫婦でお金の話をシェアできるのはいいね。

ステップ2

見直しをする

2

特に毎月永久的に出ていくお金を見直します。まずは、「固定費」を徹底的に見直しましょう。固定費とは「水道・光熱費、通信費、保険」といった、毎月決まって出ていくお金のことです。「1か月の支出洗い出しシート」の固定費のところを見てください。ここを少しでも減らすことができたら、毎月その分、ラクにお金が増えます！

例えば、私は、電気・ガスは1年に1回、会社を見直しています。会社を乗り換えるとキャンペーン適用などで利用額が安くなることもあるからです。あと大手キャリアで携帯電話を使っている人は、ハイブランド品を使っているのと同じかも。ここは格安ＳＩＭに変更すると、毎月の支払額がぐんと減るから試してほしいです。他にも、固定費はＰ23を参照して、ひとつひとつできるところから見直してみるとよいと思います。

あとは、シートでは「住居費」となっているところも、実は毎月出ていく「固定費」なので、もし可能でしたら見直してみるとよいです。例えば、家賃は月収の1／3くらいが目安といわれているので、収入に合っているかなとか、住宅ローンの借り換えで月々のローンが減らせないかなとか、もっと安い駐車場があるかも！　など。

塵も積もれば山となる！
見直しで確実にお金を増やそう！

りりな家見直しリスト

りりな家が実際見直したものを紹介します！

●携帯電話

大手キャリアを格安SIMに！　格安プランに！

りりな家の場合、乗り換え前の携帯は夫婦でau。
2人で月額1万4,000円でしたが、それを楽天モバイル（格安SIM）に乗り換えたら夫婦で月額4,356円。しかも、楽天ポイント払いにしているので実質ゼロ円で使えています。
ちなみに、実家の母も、docomoで月額6,000円の携帯料金を払っていましたが、ahamoに変えたら、月額2,970円に。ahamoはdocomoの格安の料金プラン。SIMの入れ替えなどの面倒な作業が不要で、ネットで20分ほどの申し込み作業で、携帯料金を大幅に節約できました！

auから楽天モバイルへの乗り換えは、今持っている携帯電話に楽天モバイルのSIMを入れました。格安SIMに替えただけで、月9,644円も安くなった上に、ポイントで支払っているから実質ゼロ円。ということは携帯見直しだけで、月1万4,000円のお金が増えたよ。大きいね！

●クレジットカード

年会費無料のものに。ポイント還元率もチェック！

夫が年会費1万円もかかるゴールドカードを、特に理由もなく、何となく契約したものを使い続けていたことが判明！貯まっていたポイントを使い切ってから、すぐに解約して、年会費無料のカードにしてもらいました。クレジットカードは、年会費無料に加えて、ポイント還元率も大切なのでチェックして。私は楽天カードを、ポイント還元率がよいので生活費の支払いに利用して、ポイントでさらに生活費の支払いをしています。

夫の年会費分の、年1万円のお金が増えた！　ポイント＝現金と思うとカードを替えるだけで、もっとお金が増えるね。

●銀行

ネット銀行に！　手数料がお得になるかも

銀行はネット銀行にすれば、条件をクリアすればATM利用手数料無料＆振り込み手数料無料。利率も大手銀行より少し高かったり、アプリで簡単に残高確認や送金が可能で、我が家のメインバンクはネット銀行にしました（りりな家の銀行口座はP27参照）。

●サブスク

必要か見極めよう。知らないうちに契約しているものも

毎月定額で知らないうちにお金が出ていくものだから、使わないものは今すぐ解約しよう。例えば30日間無料体験に入ってみたけど結局使っていないとか、大手キャリアの携帯を使っていて、使わないオプションがついていたとか。逆に私の場合、例えば知識を得るための雑誌のサブスクや、家計管理に使うマネーフォワードなどのサービスは自己投資なので契約しているよ。

●保険

自分の目的に合っているかチェック

私は10年のドル建て保険に加入していました。死亡保障付きで、年間50万円を10年間積み立てると、その後は支払いなしで寝かせておくことで増えるというもの。でも結婚してお金の知識がついてきたので、自分で運用したほうが増やせると思い「払い済み」にして支払いをストップ。あくまでも、お金を増やそうと思って入った保険だから見直しました。ちなみに今まで預けた200万円は預けたままの形にしたので、今でも200万円に対して死亡保障がついています。夫が月々1万5,000円の掛金を35年間支払い、10年間年金として累計約810万円を受け取るという個人年金型の保険に入っていましたが、こちらも自分で運用したほうがよいと思い解約しました。

ステップ3

お金の流れを整える

3 「貯める」「増やす」にはお金の先取りが鉄則です。先取りができるお金の流れを作りましょう。

「貯めるお金」というのは、現金で確保しておきたいお金（生活防衛資金）や財形貯蓄といった、いつでも引き出して使えるお金です。

「増やすお金」は、ずばり投資資金です。

この「貯めるお金」や「増やすお金」は、給料から生活費やお小遣いなどを引いて、余ったお金から捻出すると考えがちです。でも、それでは、貯めたり、増やしたりはできません。

まずは、貯めるお金と増やすお金を確保するために、銀行口座を3つ持ち、給料が振り込まれたら自動的に「使う口座」「貯める口座」「増やす口座」にお金を分けるという、流れを作っちゃいましょう。

そして水道・光熱費の支払いや買い物などは全部クレジットカード払いにしましょう。その使うクレジットカードも一つにまとめれば、ポイントがたくさん貯まって、さらにそのポイントでお買い物ができるようにもなります。自分はもちろん、夫婦のクレジットカードのお金の流れも見直して一つに整えましょう。

流れを整えるりりな家の方法
先取りを自動化しよう

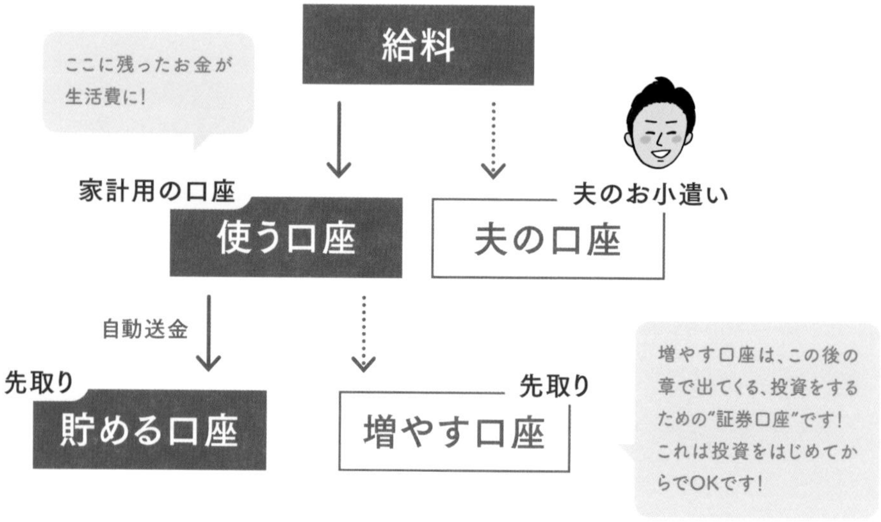

ここに残ったお金が
生活費に!
給料
家計用の口座
使う口座
夫のお小遣い
夫の口座
自動送金
先取り
貯める口座
先取り
増やす口座
増やす口座は、この後の
章で出てくる、投資をする
ための"証券口座"です!
これは投資をはじめてか
らでOKです!

給料が振り込まれたら、そこからお金を先取りして「貯める口座」と「増やす口座（証券口座）」に入れるようにしています。

もう少し詳しくいうと、夫の給料は、夫の会社に「夫の口座（夫のお小遣い分）」と「使う口座（家計用の口座）」に分けて振り込んでもらっています。私は「使う口座」からさらに、毎月15日に「貯める口座」に自動送金するよう設定しています。「増やす口座」にはつみたてNISA（P52参照）が毎月自動的にクレジットカード払いされているので、最後に「使う口座」に残した金額が生活費になります。

まずは、給料が入ったらすぐに別口座にお金を移してしまって、使えなくするのが貯まるポイントです。

りりな家の銀行口座

りりな家のメインバンクは手数料の安いネット銀行で。
目的別に使い分けして、銀行間の資金移動はアプリでサクッとしています。

妻名義

楽天銀行
生活費の支払い・楽天証券の投資

住信SBIネット銀行
SBI証券で投資・円をドルにする時

三菱UFJ銀行
現金を貯めている

夫名義

楽天銀行
給料の口座・楽天証券での投資

三菱UFJ銀行
現金を貯めている

息子名義

楽天銀行
ジュニアNISAの投資に

※ジュニアNISAは2023年に制度終了の「未成年者少額投資非課税制度」。2024年以降新規購入不可。

各銀行のポイント

楽天銀行

振込手数料、自動送金の手数料が基本無料(回数制限あり)。取引によってポイントも貯まる!

住信SBIネット銀行

振込手数料は基本無料(回数制限あり)。米国株投資で円をドルに換える時、手数料が安いのも魅力。

三菱UFJ銀行

「貯める口座」に利用。預金＝生活防衛資金を確保するため、大手銀行を使っています。

りりな家のクレジットカード

電気、ガス、水道といった固定費の支払いをすべて、夫名義→私名義に変更しました。電気、ガスなどを見直したい時、私名義ならすぐにできるし、これは夫、これは妻とクレジットカード払いが分散すると、ポイントもバラバラについて、家計の流れもスムーズでなくなります。お金の流れをシンプルにすると、見直しがしやすくなったり、集約したポイントを生活費に使ったりと、お金が貯まりやすくなりますよ。

さらにさらに！

ポイントを貯めてお金を増やす！今すぐはじめよう『経済圏』

『経済圏』という言葉を聞いたことはありませんか？

クレジットカード、電気・ガス、携帯料金、銀行、証券会社など日常生活で利用するさまざまなサービスを楽天やａｕなど、一つの会社で統一することなのですが、なぜ、統一するのか？　それはずばり、ポイントが貯まるからです！

買い物をすると支払額に応じてポイントがもらえますが、一つの会社で日用品の購入から光熱費、携帯電話などの支払いを統一して、その会社のポイントを集中的に貯めれば、驚くほどざくざくポイントが貯まっていきます。

経済圏には「楽天」、「ＰａｙＰａｙ」、「ｄｏｃｏｍｏ」、「ａｕ」、「イオン」などいろいろあります。自分の使っている携帯会社から選ぶなど、ライフスタイルに合わせて選ぶとよいと思います。

経済圏に入りたいと思ったら、その経済圏のサービスをどんどん選んでいけばＯＫ。

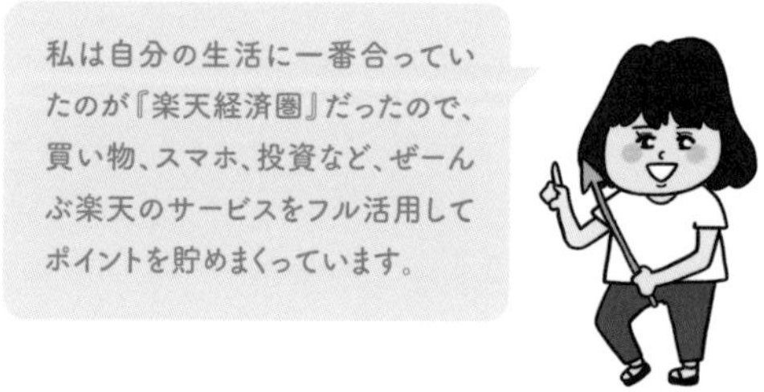
私は自分の生活に一番合っていたのが『楽天経済圏』だったので、買い物、スマホ、投資など、ぜーんぶ楽天のサービスをフル活用してポイントを貯めまくっています。

こんな経済圏があります！

経済圏	楽天	PayPay	docomo	au	イオン
通信	楽天モバイル	ソフトバンク Y!モバイル	docomo	au UQモバイル	イオンモバイル
クレカ	楽天カード	PayPayカード	dカード	au PAYカード	イオンカード
電子決済	楽天ペイ	PayPay	d払い	au PAY	WAON・ イオンペイ
ポイント	楽天ポイント	PayPayポイント Tポイント	dポイント	Pontaポイント	WAON POINT
ECサイト	楽天市場 楽天西友 ネットスーパー	Yahoo!ショッピング	dショッピング	au PAY マーケット	イオンネットスーパー
銀行	楽天銀行	PayPay銀行	dスマートバンク	auじぶん銀行	イオン銀行
証券	楽天証券	PayPay証券 SBI証券	SMBC日興証券	auカブコム証券	イオン銀行 金融商品 仲介口座※
電気	楽天でんき	ソフトバンクでんき	ドコモでんき	auでんき	
ガス	楽天ガス	ソフトバンクガス Powered by TEPCO		東電・中電・ 関電・ほくでん ガス for au	

※2024年1月（予定）からマネックス証券と提携

りりなの「楽天経済圏」生活

私は楽天で使えるサービスで徐々に身を固めていきました。楽天は、日常生活に必要なあらゆるサービスがそろっています。しかも利用するとポイントがつき、またポイントが使えるのです。例えば楽天カードを使って、楽天市場で買い物をするとポイントがつき、楽天カードの引き落とし先を楽天銀行に設定するとまたポイントがつきます。楽天銀行を給料の振込先や口座振替先にしてもポイントが貯まります。貯まったポイントは、楽天モバイルや楽天西友ネットスーパーの支払いにも利用できます。旅行は楽天トラベルで予約して、楽天カードで楽天銀行から支払うと、これも全部ポイントがつきます。楽天市場や銀行を利用してポイントを貯め、ポイントで携帯電話の支払い、ポイントでネットスーパーでお買い物という、節約&お得なサイクルができるのです。

もともと楽天市場（ネットショッピング）だけは使っていたけど、2018年に本格的に楽天経済圏で生活しはじめて5年で、これまでに貯まったポイントは、なんと1002773Point!=100万円以上!! ポイントがお金として使えると思ったら、貯めない手はないはずです！

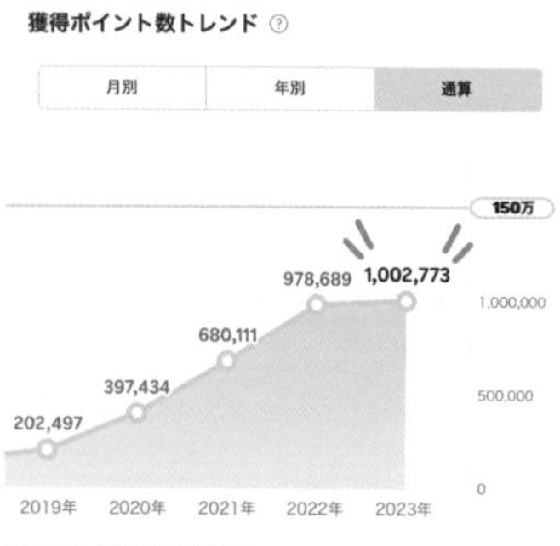
獲得ポイント数トレンド
月別
年別
通算
150万
1,000,000
500,000
0
202,497
397,434
680,111
978,689
1,002,773
2019年
2020年
2021年
2022年
2023年

※2023年3月24日現在

楽天市場で買い物をする時は、ポイント還元率がアップする「お買い物マラソン」や「5と0のつく日」を狙います。
ポイントで100万円稼いだということだね。何もしなかったら、100万円分損するところだった……。

りりなが使ってる楽天サービス

SPUが上がるサービスの中で使っているサービス

- 楽天会員
- 楽天モバイル
- 楽天ひかり
- 楽天カード
- 楽天銀行
- 楽天証券　投資信託
- 楽天市場アプリ
- 楽天ウォレット

SPU（スーパーポイントアッププログラム）とは、楽天グループのサービスを使えば使うほどポイントがアップする、お得なポイントプログラムです。

※SPUには、この他にも対象サービスがあります。

たまに使うサービス

- 楽天ブックス
- 楽天ビューティ
- 楽天トラベル

SPUが上がらないけど、楽天ポイントを使うのに利用

- 楽天西友ネットスーパー
- 楽天マガジン
- 楽天ペイ

ポイントには「通常ポイント」と使用期間が決まっている「期間限定ポイント」があります。私は毎月出ていく携帯電話の支払いや（しかも楽天モバイルだからポイントで支払ってさらにポイントがつく！　ポイントの錬金術！）、楽天西友ネットスーパーでのお買い物に期間限定ポイントを使っています。さらに、楽天マガジンの購読料、街での買い物では楽天ペイでのキャッシュレス決済にしています。

楽天証券での投資信託の購入にもポイントが使えるから〝投資資金〟にも使っています。お金でなくて〝ポイントで投資〟なら、少し気楽に投資にチャレンジできますよね。支払いは「楽天ポイント払い」を設定しておくと楽天証券以外は期間限定ポイントから優先して使われるから安心です。

Column

生活防衛資金を確保しよう

　お金を貯める目標の一つとして『生活防衛資金』を貯めてほしいです。生活防衛資金とは何かというと、万が一何かあった時に備えておくお金のことです。例えば、

・収入が途絶えた（ケガ・病気・倒産などで働けなくなった）

・思わぬ大きな出費が必要になった

・事故を起こし、賠償金を払うことになった

など、様々なケースで突如お金が必要になった時にも、生活を維持できるように現金を確保しておくことが必要なんです！

　生活防衛資金の目安は諸説ありますが、私は1か月の生活費の12か月分をおススメします。生活防衛資金を貯めてほしいもう一つの理由が、投資に一歩踏み出す前に必ず確保してほしいお金だからです。今の時代、資産運用をして自分の暮らしを守っていく世の中に……。投資をする時は、持っている現金、すべてを投資に回してはいけないのです。投資は、誰でも必ず元本割れを経験するので、その時に耐えられるように、また現金がなくなったからと、せっかく長期で投資していくものを売却して現金化してしまうことがないように。何かあっても生活を続けることのできる生活防衛資金「1か月の生活費×12」をまず貯めてほしいです。

Second Step
次からは、
お得がいっぱいの『ふるさと納税』や、
いよいよお金を増やしていく話に！

聞いたことあって興味もあるけど「よくわからない」「難しそう」という人も、まずはここから。今すぐはじめてみてほしい♪

2

Second Step

まずはここから。

『ふるさと納税』『つみたてNISA』

ふるさと納税

約16万円分の返礼品ゲット／7年間

※毎年約8万円の寄附。3割の返礼品と計算

つみたてNISA

約92万円の利益／4年8か月

※2023年3月2日現在

お得な『国の制度』は
使わない手はないよ！
楽しみも増える
家計も助かる
将来にも備えられる！

今すぐはじめてみてほしい、お得な国の制度

テレビでも耳にする『ふるさと納税』『つみたてNISA』。聞いたことはあるけど、「なんだか難しそう」とか「よくわからないからまだやっていない」という人も多いかもしれません。でも、それは超超超もったいないです！

ふるさと納税は「納税」という言葉が難しく感じさせるけど、仕組みがわかれば思った以上に簡単で、お得しかない制度といっても過言ではない！　ふるさと納税では、返礼品で日頃は手が出せないような高級食材をもらってちょっと贅沢気分を味わうことができたり、お肉やお魚、野菜などの特産品をもらって美味しく食費の削減に役立てたり、トイレットペーパーなどの日用品ももらえるから生活費の削減にも役立ちます。楽しみながら活用してほしい制度です。

家計管理、ふるさと納税でお金を貯めていけたら、次はぜひ「お金に働いてもらってお金を増やす」こともはじめてほしいです。お金をただ銀行に預けていることを私は『お金ニート』と呼んでいます。ニートではお金はほとんど増えません。国が作った「負けにくい投資」の制度を使って、時間を味方につけて、長期でゆっくりお金を増やすことも、今すぐはじめてほしいと思います。

＼はじめ時は、いつも今／

ふるさと納税

ふるさと納税をしなかったら、ただ住民税を払っているだけ。
ふるさと納税をすれば、地方の特産品とか、生活用品がもらえる!
このお得感が魅力です!

どんな制度?

『ふるさと納税』とは自分が生まれ育った故郷や応援したい自治体を選んで寄附できる制度です。寄附すると2,000円を超える金額について税金の控除が受けられ、寄附した自治体からは寄附金額の30%以内に相当する返礼品が送られてきます。つまり、税金を先払いして自己負担額2,000円で、2,000円以上の返礼品がもらえるのです。この返礼品がふるさと納税のお得なところです!　寄附できる金額は、年収や家族構成などで違ってきます。

りりなの簡略イメージ

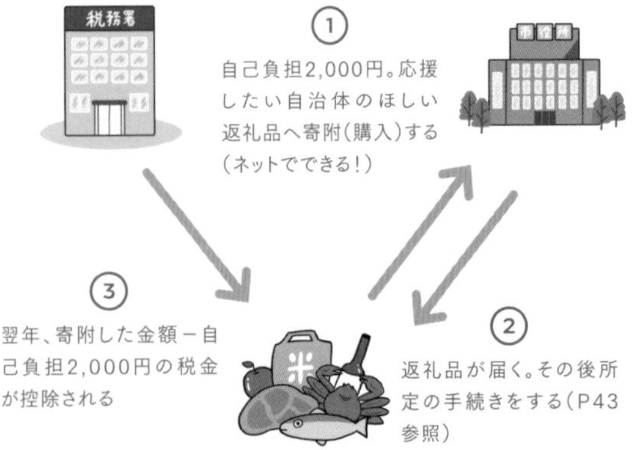

税務署
市役所
米
①
自己負担2,000円。応援したい自治体のほしい返礼品へ寄附(購入)する(ネットでできる!)
②
返礼品が届く。その後所定の手続きをする(P43参照)
③
翌年、寄附した金額－自己負担2,000円の税金が控除される

年収や条件によって、
寄附できる金額の上限額が変わってくるよ。

「納税」や「寄附」という言葉が難しく感じるけど、寄附を「購入」と置き換えるとイメージしやすいかも。ざっくりいうと自治体の返礼品を寄附金額で「購入」すると、購入した金額から2,000円を引いた金額の税金が翌年戻ってきて、しかも返礼品がもらえるというイメージです。

どのくらいお得なの？

ふるさと納税をすると、何がお得なのか、どのくらいお得なのか、
ちょっとイメージしにくいかもしれませんね。
わかりやすい例をあげてみます。

年収500万円、会社員・独身のケースです。

ふるさと納税をしてない人

通常通り、
翌年約31万円の住民税を払うだけ。

ふるさと納税をした人

支払う税金額は同じ約31万円でも、
返礼品分の約1万6,300円分お得！

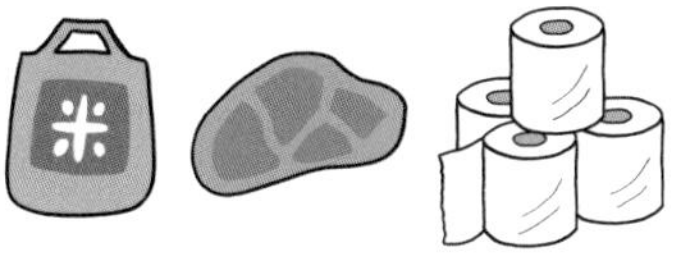

返礼品の中にはトイレットペーパーや洗剤といった日用品もあるので節約にもなりますよ。

もう少し詳しく説明すると

① 年収500万円でふるさと納税ができる『上限額』を総務省ふるさと納税ポータルサイトの「全額控除されるふるさと納税額の目安」で調べると6万1,000円です。

上限額は人によって違う！

② 6万1,000円寄附（返礼品を購入）したら自己負担額2,000円を引いた5万9,000円が、翌年の住民税から控除（引かれること）され、25万1,000円になる。

寄附という形で税金を先払い。翌年、2,000円を引いた金額が戻ってくる！

6万1,000円（寄附）**−2,000円**（自己負担額）**＝5万9,000円**（税金控除額）
翌年の住民税 31万円−5万9,000円＝25万1,000円

③ 6万1,000円の3割程度、約1万8,300円相当の返礼品が届きます。自己負担の2,000円を引いても1万6,300円分がお得になるのです！

返礼品は寄附金額の約3割以内だよ。1万円寄附したら3,000円くらいの返礼品がもらえる！　お得！

ふるさと納税の3ステップ

ふるさと納税の仕組みがわかったところで
その方法を説明します。
やり方は超簡単！　基本の3ステップを
順番に行っていけばOKです。

ステップ 1

**いくら寄附できるか？
シミュレーションする**

→ P39

ステップ 2

返礼品を選び、寄附（購入）する

→ P40

ステップ 3

**返礼品と申告用の書類が届いたら、
税金控除のための手続きをする**

→ P43

**これで返礼品をもらって、
翌年「寄附した金額－2,000円」の
税金が戻ってきます。**

では3ステップをもう少し詳しく説明しましょう。

ステップ1

いくら寄附できるか？シミュレーションする

1

年収や家族構成、各種控除によって、いくらまで寄附できるという上限額があります。それを超えると、自己負担額が増えてしまいます。だから、上限額以内で収まるように、最初に自分がいくら寄附できるかシミュレーションすることがとても大事です。

シミュレーションは「楽天市場ふるさと納税」や「さとふる」、「ふるなび」などのふるさと納税関連サイトで簡単にできます。

ほとんどのサイトで、年収と家族構成などを入力すれば上限額がわかるシミュレーションが設定されています（住宅ローンの控除、医療費控除などの控除額まで入力して計算できる詳細シミュレーションもあります）。まずは会社からもらった前年の源泉徴収票を用意して、指示に従い、数字を入れてみましょう。そうすれば今年のおおよその上限額がわかります。前年と今年の収入が全く同じとは限らないので、この時点ではあくまでも上限額の目安です。

楽天ふるさと納税
https://event.rakuten.co.jp/furusato/

上限金額を超えてしまった場合、確定申告の寄附控除やワンストップ特例制度（P44参照）で一部は戻ってきますが、できたら超したくないですね！

ステップ2

返礼品を選び寄附（購入）する

2

おおよその寄附の上限額がわかったら、ふるさと納税関連サイト、または自分が応援したい自治体のホームページで返礼品を選び、サイトから寄附（購入）します。この時、年収が変わる可能性もあるのでシミュレーションの金額より少なく寄附（購入）します。そしてワンストップ特例制度（P44で解説）を利用するなら、この時、申請書の送付も依頼しましょう。

寄附は、自己負担金額2000円で何回もできます。自治体も一つでなくて複数でもOK。時期も同じでなくて、1月から12月まで好きな時に分けてもOKです。

私は1~10月の間に数か所の自治体に寄附して、12月に今年の年収の目途が立ったら、さらに追加して上限ぎりぎりまで調整しています。また、寄附するのには楽天市場を利用しています。楽天市場で楽天カードを利用して寄附するとポイントがつくからです（私の場合、自己負担の2000円分は寄附した分のポイントで実質ゼロ円になっています）。

いろんなサイトがあって、サイトによって返礼品の内容が違うよ。

寄附する時のポイント

●最初は上限額より少なめに、最後に調整

最初は、寄附の金額を上限額より少なめにしておくと安心です。前年の年収で上限額を計算しているので、年収が減ったり、何か控除(医療費控除など)が発生したりして、上限額が下がるかもしれないからです。年収などが確定したタイミングで上限額まで追加で寄附(購入)しましょう。

実際には、その年の上限金額は、その年の年収などで決まるよ。気をつけて!

●「ワンストップ特例制度」を使うなら寄附は5自治体以内

先払いした税金を戻すために「ワンストップ特例制度」(P44参照)を利用したい場合、1年間で寄附できるのは5自治体以内と決められています。6つ以上の自治体に寄附するなら「ワンストップ特例制度」は使えず、確定申告になるので注意。

でも5自治体以内なら、1自治体へ何個も寄附してもよいから、うまく組み合わせてみて。

●人気の返礼品は早めに申し込む

年末が近づくに従って、駆け込みでふるさと納税する人が増えて、人気の返礼品は売り切れになっていることも。先行予約品もあるし、寄附にはまとまったお金も必要です。1年間いつでも寄附できるので、余裕をもって少しずつ寄附していきましょう。

寄附金額の3割以内が返礼品の金額なので、わりとまとまった金額がかかります。3,000円くらいの返礼品なら寄附金額は1万円くらい!

●賞味期限に注意！ まとめて寄附せず、分けて寄附する

ふるさと納税のお肉で埋め尽くされた、りりな家の冷凍庫。

食品は賞味期限が短かったり、大量に届くことも多いのでまとめて寄附すると返礼品が一気に届き、冷凍庫に入りきらないことも！　何回かに分けて食べられる範囲で寄附することをおススメします。

私は毎月楽天お買い物マラソン&5か0のつく日を狙って、楽天のサイトでふるさと納税しているよ。

おさらい

寄附する時は

- ☑ 最初は上限額より少なめ、最後に調整
- ☑ 「ワンストップ特例制度」を使うなら寄附は5自治体以内
- ☑ 人気の返礼品は早めに申し込む
- ☑ 賞味期限に注意！まとめて寄附せず、分けて寄附する

ステップ3

返礼品と申告用の書類が届いたら、「ワンストップ特例制度」か「確定申告」かを選択して申請する

3

ふるさと納税を申し込んだ自治体からは返礼品と、ワンストップ特例制度の申請書、確定申告する際に必要な寄附金受領証明書が送付されます。書類は返礼品とは別の日に送られてくるケースがほとんどですが、その時期は自治体によって異なり、自治体のホームページで確認できます。

書類が届いたら、『ワンストップ特例制度』か『確定申告』かを選んで手続きをします。ワンストップ特例制度はサラリーマンが対象。確定申告を行わなくても、ふるさと納税の寄附金控除を受けられる便利な制度です。

自営業やフリーランスの人、サラリーマンでも住宅ローン控除（1年目）や医療費控除などで確定申告を行う予定の人は、確定申告時に寄附金額を申告し、控除を受けます。

※「ワンストップ特例制度」の申請書は各自治体、総務省のホームページ、楽天市場、さとふるなどのふるさと納税関連サイトからもダウンロードできます。
また、最近はネットで「ワンストップ特例制度」の申請ができる自治体も増えてきています。

これをしないと寄附金額（自己負担2,000円を除いた金額）が戻ってこない。必要書類が届くから、必ず申請してね！

寄附した金額が戻ってくるための申請の方法（税控除の申告方法）

2種類から自分に合った方法で、必ず手続きしてください。

サラリーマン向き！「ワンストップ特例制度」

以下の条件がありますが、ふるさと納税初心者も安心の、
確定申告しなくていい楽ちんな制度。

1. 寄附先が5自治体以内
2. 確定申告や住民税申告をする必要がない給与所得者（会社員）
3. 年収が2,000万円以下
4. 翌年の1月10日必着で必要事項を記載した申請書を提出する

【注意】申請書を提出後に確定申告をしなければならなくなった時。例えば、医療費が増えて「医療費控除」を受けたいと思って確定申告したら、ワンストップ特例制度は利用できません。そんな時には確定申告で寄附金控除を忘れずに申請してください。

申請書と本人確認書類（A~Cのいずれか）をセットで自治体に送ります！

●申請書（必要事項を記入してね！）

A　マイナンバーカードの両面コピー

B　通知カードか住民票（マイナンバー記載）のコピー＋運転免許証かパスポートのコピー

C　通知カードか住民票（マイナンバー記載）のコピー＋健康保険証や年金手帳など、提出先の自治体が認める公的書類のコピー　いずれか２点

寄附した自治体すべてにこれらの書類を用意して郵送する必要があるよ！　5自治体なら5セット用意！
最近はインターネットでできる自治体も増えているよ。

個人事業主や確定申告をしなければいけない人「確定申告」

こんな人は確定申告で。

- ●個人事業主、または20万円以上の副業がある人
- ●会社員でも、世帯合算で医療費が10万円以上かかり「医療費控除」を受ける人。「住宅ローン控除(1年目)」を受ける人
- ●6か所以上の自治体に寄附をした人

確定申告をする時には自治体から送られてきた
寄附金受領証明書を添付して提出します。

確定申告のやり方

確定申告は毎年2〜3月に提出が決められています。
提出期間については国税庁のホームページで告知されます。

1. 国税庁確定申告書作成コーナーを検索して、作成開始をクリック。
2. 提出の方法を、「印刷して郵送」か「e-Tax」を選ぶ。
   ここからは「印刷して郵送」の方法を記載します。
3. 所得税の申請へ進む。源泉徴収票の入力を画面の指示に従って入力。
   次に所得控除の入力で、「寄附金控除」の項目に自治体から届いた「寄附金受領証明書」の内容を入力。
   さらに住所、氏名、銀行口座など必要事項を入力。
4. すべてが終了したら印刷して、マイナンバーカードのコピーや寄附金受領証明書を添付して税務署に郵送します。
   どこの税務署に郵送するかは住所を記入した際に表示されます。

e-Taxで申請する場合は、「寄附金受領証明書」の添付は不要!
でも5年間は保存しておいてね。

以下の3点をそろえて、税務署に郵送(または持ち込み)

●寄附金受領証明書　●マイナンバーカードの両面コピー　●印刷した確定申告の用紙

※マイナンバーカードがない場合は、通知書(またはマイナンバー記載の住民票)のコピー＋運転免許証などの本人確認書類のコピー。

手続きするとどうなるの？

『ふるさと納税』を申告すると税金の控除が受けられ、
寄附した金額から自己負担2,000円が引かれた金額が戻ってきます。

『ワンストップ特例制度』を利用した場合

翌年の住民税から、寄附をした金額から自己負担2,000円を引いた額が控除　(引かれる)されます。具体的には「寄附した金額－2,000円」を12等分して、毎月その分の住民税が少なくなります。ちゃんと控除されたか確認するには、翌年6月くらいにもらえる住民税決定通知書をチェック。

チェック方法

1. 「税額」の項目にある市区町村の「税額控除額」と、都道府県の「税額控除額」を見る。
2. 2つの額の合計がふるさと納税の寄附金額から2,000円を引いた金額になっていればOK。

※自治体によっては「摘要」の欄に「寄附金税額控除　〇〇円」と記入しているところもあり、この額が寄附金額から2,000円を引いた額になっていればOKです。

確定申告をした場合

確定申告では「所得税の還付」と「住民税の控除」で戻ってきます。両者を足した額がふるさと納税の寄附金額から2,000円を引いた額になればOKです。

チェック方法

1. 所得税の還付は確定申告書の控えにある「還付される金額」を見ます。
2. 住民税の控除は市区町村から送付されてくる「住民税決定通知書」の市区町村「税額控除額」と都道府県の「税額控除額」の合計額を見ます。この金額には調整控除2,500円が含まれているので、合計金額から2,500円を引いた金額になります。
3. 1と2を足した金額がふるさと納税の寄附金額から2,000円引いた金額と同じならOK。

還付金＋（市区町村と都道府県の税額控除額の合計－2,500円）
＝ふるさと納税寄附金額－2,000円

おさらい

ふるさと納税スケジュール

☑寄附可能期間

1月1日～12月31日の間いつでも

前年の源泉徴収票を参考にふるさと納税できる金額の上限をシミュレーションして少なめに寄附スタート。

○早めに寄附するとほしい返礼品が手に入りやすい

○先行予約品もある

○12月にふるさと納税の最終調整。
この年の源泉徴収票がもらえるのでまだ寄附できるようなら、申し込む

☑「ワンストップ特例制度」の申請書類必着日

翌年1月10日まで

この日までに必要事項を記入して、必要書類と一緒に自治体に送付。

必着だよ。年末ぎりぎりにふるさと納税すると間に合わないかも！

☑確定申告の申告期間

翌年2～3月

申告書と必要書類を提出。

ワンストップ特例制度に間に合わなかったり、医療費や住宅ローンの控除がある人も、こちらで忘れずに！

☑寄附金が戻ってくる時期

翌年の住民税
または確定申告の還付

あれ？金額がおかしいぞ？と思ったらお近くの税務署に問い合わせするのがおススメです。

りりなおススメ

神返礼品ベスト7

ちょっぴり贅沢気分を味わえたり、コスパ最強だったり、
私がリピートしている返礼品を紹介します。

2

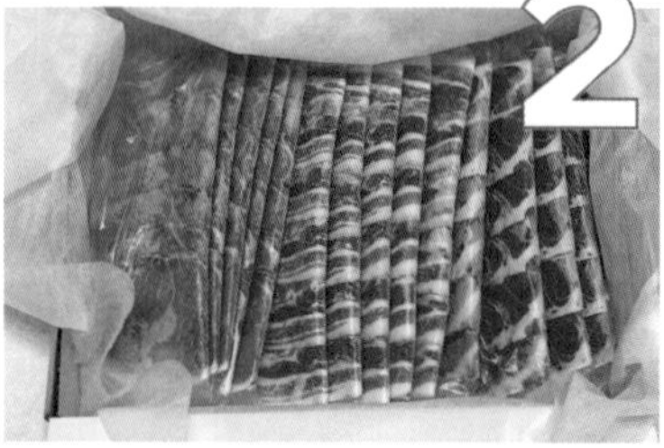

和豚もちぶた しゃぶしゃぶセット（冷凍）

神奈川県 小田原市／寄附金額：13,000円

ステキすぎる箱に入って届く！　1枚1枚丁寧に個別包装されていてロース・バラ・肩ロースが合計1.2kg。質の高いお肉で、しゃぶしゃぶにすると超美味しい！

1

B級銀鮭切り身 約2.8kg（冷凍）

千葉県 勝浦市／寄附金額：15,000円

段ボールいっぱいに届く！　超大容量で肝心のお味も最高！　ちょうどいい塩けで、焼くだけでOK。届いたら、ジップロックで小分けにして冷凍庫に常備しておきます。

4

シャインマスカット（冷蔵）

長野県 須坂市／寄附金額：12,000円

2歳の息子が「うまーー」って叫んだ！　シャインマスカットって、普段買おうと思っても、お高いからなかなか手が出せないのだけど、返礼品として頂けるのがすごく嬉しい。

3

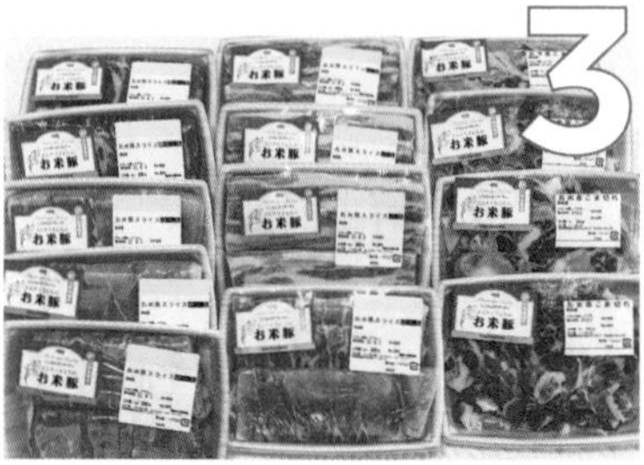

お米豚詰め合わせ 3.7kgセット（冷凍）

宮崎県 都城市／寄附金額：17,000円

4種類の豚肉が届く。小分けパックなので使いやすい！ 今まで、いろいろなお肉詰め合わせを頼んだけど、やっぱこれが最高で戻ってきてしまう。私にとって、大容量のお肉パックの原点にして頂点。

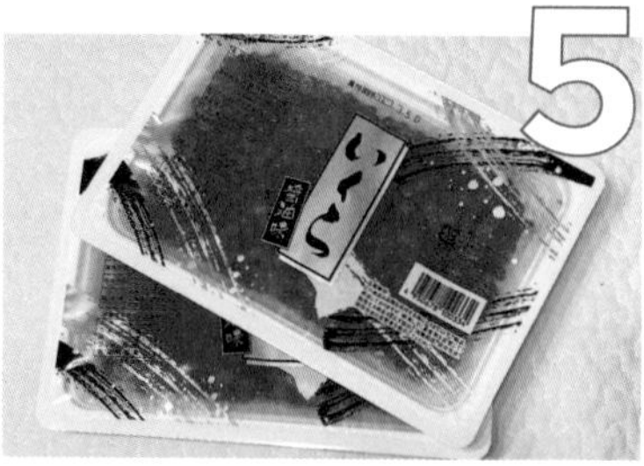

5

いくら醤油漬け 鮭卵400g （200g×2パック）（冷凍）

北海道県 白糠町／寄附金額：13,500円

本気で美味しいいくらが届く。毎年頼んでいるけど、毎年うまい！　ほかほかのご飯の上にのせて、食べてほしい。プチ情報で、たまに緊急支援品としていつもより価格が安くなっている場合があるよ！

6

ドリームドルチェ アイスクリームセット14個（冷凍）

北海道 上士幌町／寄附金額：15,000円

アイス14種類が届く！　1個ずつ味が違うから、楽しみ×14倍！　味もめちゃくちゃ美味しくて、なめらかで、くちどけ良き。今日はどの味にしようかな？　って楽しみながら味わえます。

7

夢創鶏せせり1.6kg （200g×8パック）（冷凍）

宮崎県 門川町／寄附金額：10,000円

美味しすぎて1年で2回リピしたお肉。小分けで8パックあって、使いやすい。炒め物でこのせせりを使うだけ。やわらかさの中にコリっと感があり最高！

家計お助け返礼品

消耗品、必需品も返礼品でもらえちゃう。家計が助かる～。

エリエール消臭1.5倍 トイレットペーパー 64個

静岡県 富士宮市／寄附金額：16,000円

トイレットペーパーを買う必要がなくなる！

新米訳アリ　阿蘇だわら

熊本県 高森町／寄附金額：10,000円

毎日食べるお米ももらえちゃう！

こめ油 900g×5本

山形県 天童市／寄附金額：10,000円

油も必需品だから、嬉しい！

玉ねぎ Lサイズ10kg

北海道 北見市／寄附金額：5,500円

大容量10kg！　常備野菜に。

これぜーんぶおススメ。自己負担2,000円で、これが届くなんて！　お得すぎるぅ♪

最後におさらい

ふるさと納税注意点

節税効果はない

寄附金額から2,000円を引いた額が翌年、税金から控除される制度です。住民税（または所得税）は減りますが、ほぼ同額を寄附しているので実質的な節税効果はありません。

出産、家を買ったら「申告方法」「上限金額」に注意

出産や妊婦定期健診があると1年間の医療費が10万円を超えて、医療費控除申請のために確定申告をする可能性も。また、住宅ローン控除を受けると、1年目は確定申告になります。そうすると、ワンストップ特例制度は使えません。さらに注意が必要なのは、所得から医療費控除や住宅ローン控除分が減るので、ふるさと納税できる上限額も減る可能性が。医療費控除や住宅ローン控除も含めて、シミュレーションしましょう。

自己負担金は2,000円！

寄附した金額が全額控除されるのではなく、2,000円を超える分が控除されます。つまり1万円を寄附したら、控除されるのは8,000円です。

もしうっかり上限額をオーバーしたら、その分も申告しよう

上限額を超えてしまった場合、超えた分全額が自己負担になるわけではありません。オーバー分は、ふるさと納税の特例にはならないですが寄附金控除の対象にはなるため、「ワンストップ特例制度」や「確定申告」でオーバーした分も含めて全額申告してください。ただ、超過分は「確定申告」のほうが、少し自己負担分が少なくなるので、お得です。

年末に注意

「ワンストップ特例制度」を利用するなら申請書類は1月10日必着が条件。12月末ギリギリにふるさと納税をすると書類が間に合わないことがあります。もし、間に合わなければ確定申告を忘れずに！

Column

ふるさと納税でさりげなく彼(現夫)の年収把握

2008年に地方と大都市の格差是正や、人口が減って税の収入が少ない地方への対応のためスタートした「ふるさと納税」。

私が「ふるさと納税」デビューしたのは2017年！　当時働いていた会社の先輩から「ふるさと納税はお得だからやったほうがいいよ！　家電とかももらえることがあるよ！」と聞いて、「そんなことがあるの！」と興味を持ち、「納税」という言葉にビビりながらも、インターネットで調べてはじめました。

やってみると思っていたより難しくなく、すごく楽しかったので、当時まだ彼氏だった現夫にすすめました。一緒にシミュレーションをする時、さりげなく彼の年収を聞き出すことにも成功。付き合っている時では、なかなか聞きにくいパートナーの年収を、「ふるさと納税やってみようよ～」という感じでさらっと知れたという小話です。

だから、ママ友とかにふるさと納税の寄附額を言うと、年収がばれるから注意だよ(笑)。

つみたてNISA

お金は貯めるだけじゃNG!
お金に働いてもらって「増やす」こともしていこう!
そのはじめの一歩にぴったりなのが『つみたてNISA』です。

どんな制度?

『つみたてNISA』は、2018年1月からスタートした、国がみんなに「投資をしてほしい」と思って作った制度です。最大のメリットは、投資をして出た**利益に対して税金がかからないこと!** 国が定めた基準を満たした『投資信託』(P55参照)を毎月決めた金額で購入して積み立てていくので、初心者でもはじめやすいのもポイントです。

りりなの簡略イメージ

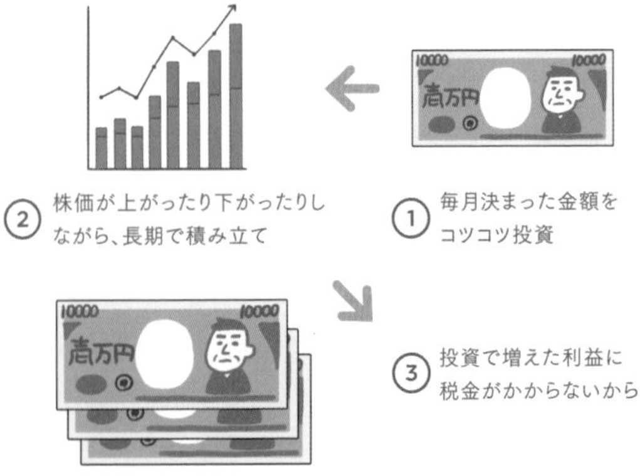
① 毎月決まった金額を
コツコツ投資
② 株価が上がったり下がったりしながら、長期で積み立て
③ 投資で増えた利益に
税金がかからないからお得!

いろいろはじめやすいポイントがある、初心者のための『投資』。利益に対して税金がかからないから、超オ・ト・ク♪

もちろん投資なのでリスクもあるけど、やるべき理由がある!
詳しくは次のページからの解説を読んでね。

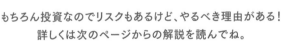

つみたてNISAはじめる前に

つみたてNISAをはじめる前に必ず知っておいてほしいことを記します。

「お金に働いてもらう」、それが投資です。

投資というと「損しそう」「危ないから銀行に預けておくのが一番」と思う人も多いはず。実は、私もそう思っていました。

でも、普通預金の年利率は大手銀行で0・001％の時代。

銀行に預けていても、ほぼ増えません。そこで私は、「お金に働いてもらう」ことを選択したのです。この先、教育費や住宅購入など、必要なお金がどんどん増えていき、モノの値段も上がるのに、比例して給料はアップしてくれない……。資産運用を本気で考えないと〝まずい〟と思い、勇気を振り絞って、「投資＝お金がなくなるかも」という不安はあったので、最悪なくなっても大丈夫という少額で『つみたてNISA』をはじめました！

投資なので、確かに元本保証はありません。だけど、つみたてNISAの場合、投資できる商品は金融庁が初心者でもはじめやすいよう定めた条件をクリアしたものだし、2017年2月に金融庁が出したレポートによれば、国内外の株式・債券に1985年から毎月同額で20年間、分散投資した場合、元本割れしなかったという結果も出ています。長期間で資産形成をするなら、リスクの少ない、負けにくい投資といえるのです。

まずは、仕組み、メリット・デメリットを理解して、『つみたてNISA』でお金に働いてもらいましょう！

私は、銀行などに預貯金しているお金は、「ニート」って思っているよ。投資なら「お金が働いて利益を出す」ことができるのに、預貯金だとほとんど増えないのでお金が働いていない状態と同じだと思うから。

銀行預貯金 VS つみたてNISA

毎月1万円ずつ20年間積み立てた場合、銀行の普通預金とつみたてNISAで運用した時、結果にどんな違いが出るかを計算してみました。

	銀行預金	つみたてNISA	差額
年利	0.001%	4%	
1年目	120,000円	122,600円	2,600円
3年目	360,000円	382,708円	22,708円
5年目	600,001円	664,040円	64,039円
10年目	1,200,061円	1,471,944円	271,883円
15年目	1,800,122円	2,454,884円	654,762円
20年目	2,400,242円	3,650,784円	1,250,542円

お金を眠らせてニートにしておくか、それとも働かせるかで結果がこんなに違うんです!

※普通預金の利息は半年に一度算出され、普通預金口座に入金されます。2023年1月現在の年利は0.001%。金利はこの先、20年間変動しない前提で計算しています。つみたてNISAは過去のデータから利率4%の複利で計算しました。
※計算には「ke!san　生活や実務に役立つ計算サイト」の「積立計算」を利用しています。設定は利息端数四捨五入、複利方式、利息組み込み期末、非課税です。(https://keisan.casio.jp/)

つみたてNISAを20年運用した場合

この先同じになるとは限らないけど、下記の表の過去の実績から判断すると、つみたてNISAを20年運用した場合、元本割れする可能性はほとんどありません。

国内外の株式・債券に積立・分散投資した場合の収益率(実績)

保有期間5年

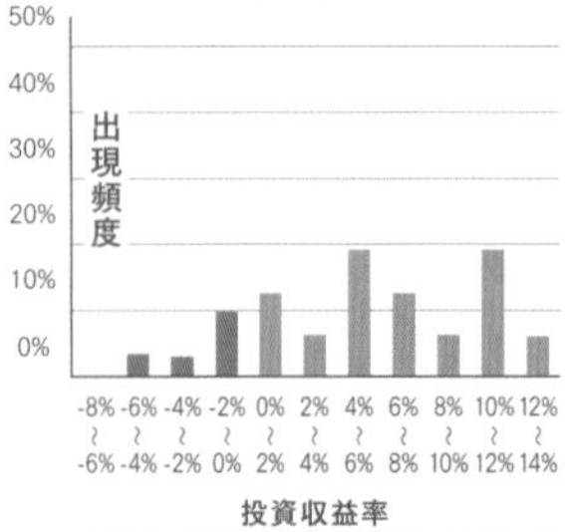

100万円が5年後に
81万円〜183万円

保有期間20年

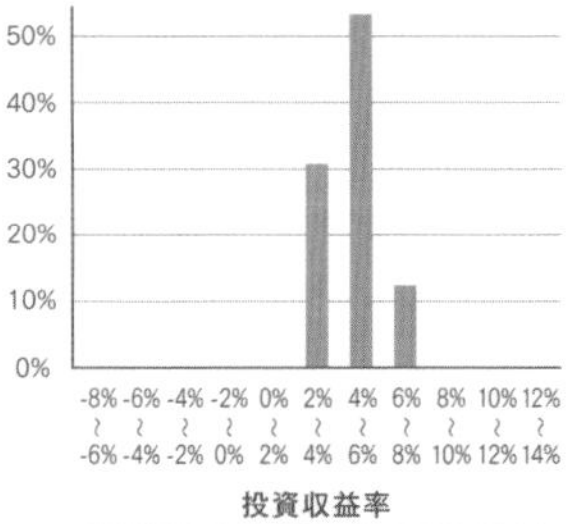

100万円が20年後に
178万円〜326万円

この表を見ると、5年だとマイナスになる場合もあるけど、20年だとプラスに!

https://www.fsa.go.jp/policy/nisa/20170614-2/84.pdf
金融庁ウェブサイト「40代投資初心者向けつみたてNISA Meetup Online(令和2年10月8日)」引用

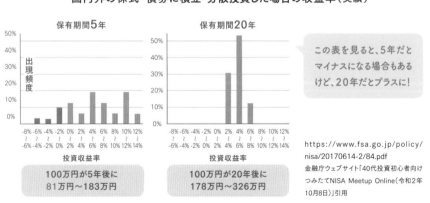

つみたてNISAが投資初心者さんによいポイント

つみたてNISAが低リスクで初心者でもある程度安心して投資できる理由は、
「長期」「分散」「積立」にあります。

長期

長期間運用すれば**元本割れしにくく利益が出やすい。**時間を味方につけて着実に増やしていける可能性が、高い。

分散

『投資信託（下記参照）』に投資をするから、**自然といろいろな銘柄に分散投資でき、**一つの株に資金を投入するよりリスクが少なくなる。

積立

家計に負担をかけず、月100円からでも**コツコツと投資**できる。一度設定すれば**自動的に投資**されるから、忙しい主婦にも楽！

そして、つみたてNISAで買える銘柄は、
下記のような金融庁の基準をクリアしている！

- **長期・積み立て・分散投資に適した商品**
- **販売手数料（購入するたびにかかる手数料）が0円**
- **「投資信託報酬（株を管理運用してくれる手数料として毎日差し引かれる金額。少ないほうがもちろんいい！）」が0.5％以下**

投資信託とは

たくさんの投資家から集めたお金を一つにまとめて、運用のプロがいろいろな株式や債券に投資・運用してくれて、それで出た利益を、投資額に応じて投資家に分配する金融商品です。

投資信託は
「株の詰め合わせパック！」のイメージ

日本株
米国株
英国株
資生堂
トヨタ
三菱商事
Amazon
Apple
Microsoft

つみたてNISA基本情報

つみたてNISAは、毎月一定の金額で同じ投資信託の銘柄をコツコツと購入していく投資方法です。いったん投資金額と銘柄を設定すれば、毎月、自動的に自分の口座からお金が引き落とされ、資産運用のプロが売買をしてくれるから楽ちんで、資産が増えていくのを待つだけという、投資初心者には嬉しい投資です。
ネット証券なら100円から買えるので、家計に負担のない額からはじめて、あとでお金に余裕ができた時に金額を増やしたり、銘柄を変更したりすることもできます。また何年間続けなくてはいけないという制約もなく、途中で売却して現金化もできます。2024年からは、つみたてNISAは新しいNISAのつみたて投資枠となり、非課税（税金がかからないこと）期間が無期限になったり、1年間に投資できる金額が増え、パワーアップします。

P76〜も見てね

	つみたてNISA（2023年まで）	新しいNISAつみたて投資枠（2024年〜）
1年間で投資できる上限金額	40万円	120万円
非課税運用期間	20年間	無期限
買える商品	金融庁が定めた基準をクリアした、長期運用に適した投資信託	金融庁が定めた基準をクリアした、長期運用に適した投資信託
金融商品の買い方	積立	積立
投資可能期間	新規買付は2023年末まで 運用は2042年末まで	無期限
非課税保有限度額	800万円	1,800万円
非課税枠	再利用不可	再利用可
その他	一般NISAとの併用不可	成長投資枠との併用可

利益に税金がかからない期間だよ

つみたてNISAメリット

「非課税」「分散」「複利の力」が3大メリットです！

1. 非課税！

最大のメリットは、運用によって出た利益に税金がかからないこと。通常、投資で出た利益には20.315%の税金がかかりますが、つみたてNISAは最長20年間かかりません！

例えば100万円の利益が出たら……

通常の投資は	つみたてNISAなら
100万円の約20％＝約20万円の税金が引かれてしまう。手に入る利益は約80万円に！	非課税（税金がかからないこと）だから、100万円まるまるが利益に。

この差は大きいです！

2. 分散

株価は高くなったり、安くなったりと毎日、動いています。積立で毎月同じ金額で買っていくと、株価が高い時は少ない口数、安い時は多い口数を買えます。だから、一度に資金を投入して買うよりも、ずっと平均的な価格で株を購入できるのです。これを『ドル・コスト平均法』といいます。本当は、一番多くお金を増やすには株価が底値の時にいっぱい買うことなのですが、それを見極めるのは至難の業。でも『ドル・コスト平均法』なら、その必要がなくコツコツ投資をして平均的な価格で買って、じっくりと値上がりを期待します。

ドル・コスト平均法については、次のページを見てね。

投資信託を毎月一定金額買った場合と、一定数量買った場合を比較してみます

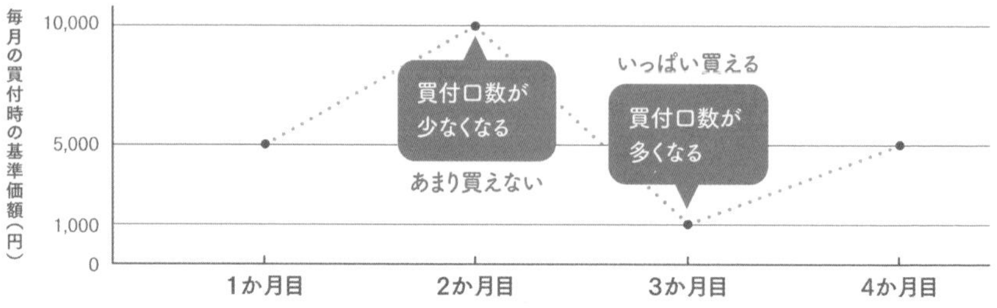

つみたてNISA　毎月10,000円ずつ購入した場合（ドル・コスト平均法）

	1か月目	2か月目	3か月目	4か月目	合計
購入価格	10,000	10,000	10,000	10,000	40,000円
口数	2	1	10	2	15口

株価が高い時は少ない口数になり、安い時は多い口数を買えます。
4か月で15口、40,000円でした。

一定の数量を買った場合

	1か月目	2か月目	3か月目	4か月目	合計
購入価格	10,000	20,000	2,000	10,000	42,000円
口数	2	2	2	2	8口

口数を変えずに買うと、4か月で8口、42,000円でした。

↓

つみたてNISA（ドル・コスト平均法）の場合

40,000円÷15口＝約2,667円

一定数量の場合

42,000円÷8口＝約5,250円

一定数量も安い時に多く買えればよいのですが、その見極めは難しいです。ドル・コスト平均法なら、その見極めをしなくても自然と平均的な買い方ができるので、初心者にやさしいのです！

3. 複利の力

お金を銀行や証券会社に預けた時、利息のつき方には『複利』と『単利』の２種類があります。
複利とは利息が元本に組み入れられて、その元本（元本＋利息）に対してまた利息が計算される方法です。一方、単利は利息が元本に組み入れられず、最初の元本に対してのみ利息が計算される方法です。利息分にも利息がつく複利のほうが、だんぜんお金が増えるのです。つみたてNISAは『複利』なので、長期で保有すればするほど利息にも利息がついて雪だるま式にお金が増えるんです。

つみたてNISAデメリット

つみたてNISAは比較的リスクが少ないといっても、投資です。
もちろん、投資した金額より「マイナスになる」可能性があります。

1. 元金保証がない

ただ、マイナスになっても商品（投資信託）によっては一時的なケースが多く、長く保有していれば価格が戻る可能性が高いのです。

その他知っておいてほしいこと

●長期間の投資なのでメンタルの強さが必要
必ず元本割れを経験します。そんな時は「今は株価が安いからいっぱい買える」と思って、つらいけど耐えましょう。安くいっぱい買った株がいつかは高くなっていっぱい利益を出してくれるかもなのです。

元本割れは、絶対誰しも経験するコト！　私も経験したよ。でも、すぐにやめないで、お金と共働きしていこうね！

つみたてNISAの3ステップ

つみたてNISAがどのような投資で、
どんなメリットやリスクがあるかがわかったら、
実際のはじめ方を3ステップで紹介します。
銘柄を選ぶところが肝になります！

ステップ1 **口座を開設する**
→ P61

ステップ2 **銘柄を選ぶ**
→ P64 ここが一番大切！

ステップ3 **購入する**
→ P72

毎月積み立てる金額を設定する！
一度設定すれば、
あとは自動的に毎月購入されます

では3ステップをもう少し詳しく説明しましょう。

ステップ1

口座を開設する

1

「NISA口座」を銀行・信託銀行、証券会社、信用金庫などで開設します。基本的に、NISA口座が開設できるのは一人1口座のみです。証券会社A社で1口座、B社で1口座、C銀行で1口座ということはできません（ただし、廃止手続きをすれば、別の証券口座でNISAをはじめることは可能）。

　どこで専用口座を作っても、開設は無料で、口座の管理・維持・解約にも手数料はかかりません。でも、大きな違いは、クレジットカード払いでポイントが貯まるかというのと、積立最低金額、取り扱う投資信託の本数です。下記の表を参考にしてください。銀行のメリットは窓口で相談しながらできることですが、銘柄を選ぶ時、窓口にすすめられるままに決めるのは絶対NGです。

　私は、証券会社を選ぶなら、楽天証券やSBI証券などのネット証券をおススメします。その最大の理由は、ポイントが貯まるサービスがあるからです。

金融機関名	対象商品数	最低積立金額	貯まるポイント	ポイントが貯まるクレカ
楽天証券	184本	100円	楽天ポイント	楽天カード
SBI証券	185本	100円	Tポイント、Vポイント、Pontaポイント、dポイント、タカシマヤポイント、東急ポイント	三井住友カード、東急カード、タカシマヤカード
マネックス証券	157本	100円	マネックスポイント	マネックスカード
三菱UFJ銀行	12本	1,000円	Pontaポイント（条件あり）	
りそな銀行	8本	1,000円	りそなクラブポイント	
みずほ銀行	9本	1,000円	×	
野村證券	7本	1,000円	×	
大和証券	22本	100円	×	

※2023年3月17日現在

楽天証券での口座の開き方

ネット証券の口座の開き方の一例として紹介します。

1 メール登録

楽天証券の公式ホームページから、口座開設に進み、メール登録をする。確認のメールがくるので、それに記載されたURLから申し込みを続ける。

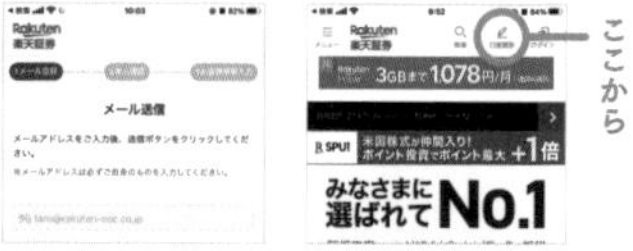

※楽天会員の方は「メール送信」画面はスキップされ、ご登録のメールアドレス宛に口座開設URLが送られます。

2 本人確認の方法を選択

運転免許証またはマイナンバーカードのどちらかを選ぶ。

※マイナンバーカードで本人登録をしておくと、後述の初期設定で登録が不要になるのでおススメ。

3 納税方法を選ぶ

特定口座にすると利益が出ても確定申告をする必要がないので便利。

4 つみたてNISAを開設

チェックをすれば、楽天証券の口座開設と同時に、つみたてNISA専用口座も開設できる。

5 お客様の口座について

楽天銀行口座を申し込む。

iDeCoも同時に申し込めるけど、あとからでもOK。今回は「申込まない」で進めます。

私は、楽天経済圏生活をしているので楽天証券でつみたてNISAをやってるよ！ まじで楽天ポイント貯まりまくる！

初期設定

1 暗証番号を登録

銘柄を注文する時にも必要となる。大事な番号なのでなくさないように管理を。

2 投資に関する質問、職業、国籍について回答

全部正直に回答。

3 マイナンバーカードの番号を登録

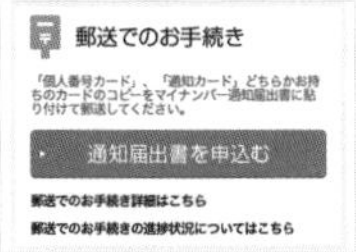

どちらかの方法で登録。

※スマートフォンアプリ「iSPEED」を利用すると郵送の手間もなく、取引開始までの時間も短縮できるのでおススメ。

初期設定が完了すれば、取引が可能に！　楽天証券ならNISA口座もすぐに取引可能！

※別途、税務署審査があります。税務署審査の結果、他社にNISA口座をお持ちの場合など、楽天証券でNISA口座開設ができない場合、一般口座の取引へと変更になります。

6 FXと信用取引

上級者向きなので今は申し込まなくてOK。

7 申し込みが完了

後日、メールでログインIDが届くので、記載のURLからログインして初期設定を行う。

ステップ2

銘柄を選ぶ

2

口座を開設した金融機関の投資商品から銘柄を選びます。一体、どの銘柄を選べばいいのか、きっと迷うと思います。選び方としては口座開設をした証券会社などのランキングを参考にするのも一つの方法です。ただ上位の銘柄の中にもいろいろな内容の投資信託があります。その中から銘柄の内容を見て自分の考えで選ぶ必要があります。例えば、アメリカの経済がこの先も伸びていくだろうと思ったら、アメリカの企業の株だけが詰め合わせになった銘柄に、もう少しバランスを取りたいと思ったらいろいろな国に投資できる全世界株式の銘柄に……など。自分が成長を期待する国の株や、リスクが低い、または高いかもだけど値上がりが期待できる銘柄がいいなど、自身の考えで選ぶ必要があります。

詳しくは次のページからも参考にしてください。

週間買付金額ランキング（NISA）

2023/2/13 〜 2023/2/17

順位			ファンド名	基準価額（円）	純資産（百万円）	積立買付	ノーロード
1	前回 (1)	→	SBI－SBI・V・S＆P500インデックス・ファンド	17,488	791,534	★	☆
2	前回 (2)	→	三菱UFJ国際－eMAXIS Slim 全世界株式（オール・カントリー）	17,074	903,183	★	☆
3	前回 (3)	→	三菱UFJ国際－eMAXIS Slim 米国株式（S＆P500）	19,079	1,798,580	★	☆
4	前回 (4)	→	ニッセイ－＜購入・換金手数料なし＞ニッセイ外国株式インデックスファンド	26,855	446,497	★	☆
5	前回 (5)	→	SBI－SBI・V・全米株式インデックス・ファンド	11,185	132,965	★	☆
6	前回 (7)	↑	三菱UFJ国際－eMAXIS Slim 先進国株式インデックス	20,321	407,349	★	☆
7	前回 (8)	↑	大和－ダイワJ－REITオープン（毎月分配型）	2,171	411,216	★	☆
8	前回 (6)	↓	大和－iFreeレバレッジ NASDAQ100	19,062	153,121	★	☆
9	前回 (9)	→	SBI－SBI・V・米国高配当株式インデックス・ファンド	13,127	21,583	★	☆
10	前回 (14)	NEW!	レオス－ひふみプラス	45,552	478,666	★	☆

SBI証券ランキング

順位	ファンド名	委託会社	基準価額（前日比）	純資産（億円）	積立	100円投資
1	eMAXISSlim米国株式(S&P500)	三菱UFJ国際	19,079円 (-307円)	17985.8	○	○
2	eMAXISSlim全世界株式(オール・カントリー)	三菱UFJ国際	17,074円 (-199円)	9031.83	○	○
3	楽天・全米株式インデックス・ファンド	楽天	19,733円 (-332円)	8043.67	○	○
4位	eMAXISSlim全世界株式(除く日本)	三菱UFJ国際	17,231円 (-202円)	2149.83	○	○
5位	eMAXISSlim先進国株式インデックス	三菱UFJ国際	20,321円 (-252円)	4073.49	○	○

楽天証券ランキング

証券会社のホームページでこのようなランキングが見られます。

銘柄の選び方のポイント

これは私が考える選び方なので、
〝絶対この基準で選ぶべし〟ではありません。参考にしてください。

●ランキングを参考に

ほとんどの金融機関ではランキングを提示しています。どの会社でも1位〜5位はさほど変わりません。ランキング上位は大勢の投資家に支持され、資金が集まっているということです。ただし、必ず投資内容を見て自分の考えで選んでください！

ランキングだけで選ぶのはNG。後悔しないためにも、自分はどの投資信託をどう持ちたいのか考えて選んでください！

●分散を考える

つみたてNISAは投資信託なので、もともと商品自体で分散ができています。でも、投資資金の全額を一つの銘柄に投資するのではなく、軸となる銘柄を決め、他の銘柄を組み合わせると自分のリスク許容度に合わせた投資ができるし、自分好みにもアレンジできます。

P68「銘柄選び りりなの考え方」や、P69「リスク許容度の考え方」も参考にしてください。

●信託報酬が安いものを

信託報酬は投資信託の管理・運用にかかる経費で、保有している間は証券会社や運用会社に毎日払うことになります。ただし、別途支払うのではなく、その会社に預けている投資元金と利益の総額から何％（銘柄によって率が違う）という形で差し引かれます。ずっと引かれ続けるものだから、同じような内容の商品なら、安いものを選びましょう。

ランキング上位の銘柄紹介

上位に入っている投資信託の銘柄は、どんなものなのか見てみましょう！

楽天証券NISAランキング（買付金額による）
（2023年2月8日現在）

1位 eMAXIS Slim 米国株式（S&P500）

信託報酬率 0.09372%

米国を代表する大手企業500社の株価から算出した株価指数S&P500の動きに連動する銘柄です。アップル、マイクロソフト、アマゾン・ドット・コム、テスラ、ジョンソン＆ジョンソンなど、米国の大企業の株式を保有したい人におススメ。

2位 eMAXIS Slim 全世界株式（オール・カントリー）

信託報酬率 0.1144%※

米国、日本、英国、カナダ、中国、台湾、インドなど47か国・地域の企業約3000社の株価指数に連動する銘柄です。そのうちの約62%を米国株が占め、日本株は約5%です。これ1本で全世界の株式に分散投資できます。

3位 楽天・全米株式インデックス・ファンド

信託報酬率 0.162%

米国株式市場に上場する約4000社の株価から算出した株価指数の動きに連動する投信です。S&P500ではカバーしきれない中小企業に投資でき、今後の成長に期待できます。

4位 楽天・全世界株式インデックス・ファンド

信託報酬率 0.199%

欧米・日本などの先進国、インド・中国などの新興国・地域の株式を含み、大型株から中小型株まで網羅した約8800銘柄の株価から算出した株価指数の動きに連動する銘柄です。

5位 eMAXIS Slim 先進国株式インデックス

信託報酬率 0.1023%※

米国、英国、カナダ、フランスなど日本を除く先進国22カ国、約1300社の株価から算出した株価指数に連動する銘柄です。そのうち約74%を米国株が占め、英国、カナダと続きます。

6位 eMAXIS Slim 全世界株式(除く日本)

信託報酬率 0.1144%※

日本を除く、先進国22か国と新興国・地域24か国・地域の企業の株価指数に連動する銘柄です。約65.5%を米国株が占めています。すでに日本企業の株式投資をしていて、日本以外の企業に投資したいという人におススメ。

いろんな投資信託商品があるよね。何を選ぶかは、次のページからをよく読んで、自分の考えで選ぼうね!

※2023年5月11日以降、信託報酬が引き下げられます。

銘柄選び りりなの考え方

私は銘柄を選ぶ時には、成長を期待できる国の株を軸にして、
他にいくつか銘柄を組み合わせています。

りりな家では米国株を軸に夫と合わせて４本の商品へ投資をしています。

私が米国を多く選んだ理由はアメリカの経済が右肩上がりの成長を続けていて、グーグルやアップル、マイクロソフトなどの有力な企業が生まれているからです。

他に「先進国」と「新興国」にも投資をしています。先進国はイギリスとフランスにも投資したいと思ったから。新興国の現状運用成績は高くないのですが、中国・韓国・インドの今後の成長に期待して〝光る原石！〟と思って、それぞれ全体の20％くらいずつ購入しています！

つみたてＮＩＳＡは予算内でいろいろな投資信託を組み合わせＯＫだから、メインを決めてトッピングしていくのもおススメです。どの国のどういう企業の成長に期待するか、どのくらいリスク（Ｐ69参照）を取れそうかで、組み合わせてみてください。

りりな家の投資銘柄

分類	銘柄	投資割合
米国	eMAXIS Slim 米国株式(S&P500) 楽天・全米株式インデックス・ファンド	60%
先進国	eMAXIS Slim 先進国株式インデックス	20%
新興国	eMAXIS Slim 新興国株式インデックス	20%

リスク許容度の考え方

銘柄選びにはどのくらいリスクを取れるか、
リスク許容度を考えることも必要です。

投資でいう「リスク」は値動きの幅のことをいいます。「リスクが少ない」とはあまり値動きをしないこと、「リスクが高い」とは逆に値動きの幅が大きいことです。

投資によって得られる利益を「リターン」といいますが、リスクとリターンは比例しています。値動きの幅が大きいと、大きく利益が出る可能性もあるし、大きく元本割れする可能性もある「ハイリスク・ハイリターン」に。また、値動きの幅が少なければ利益も少なく値下がりもあまりない「ローリスク・ローリターン」になります。

例えば「eMAXIS Slim 米国株式（S&P500）」という銘柄は、値動きの大きいハイリスク・ハイリターンですが、比較的安全性が高いとされる債券や元本が保証されている預貯金は値動きの少ないローリスク・ローリターンです。この中間にあるのが「eMAXIS Slim バランス（8資産均等型）」のようなバランス型といわれる金融商品で、ミドルリスク・ミドルリターンといってもいいと思います。

値動きの幅をどれだけ許容できるか？　によって、投資信託を選んでほしいです。

リスクとリターンの関係

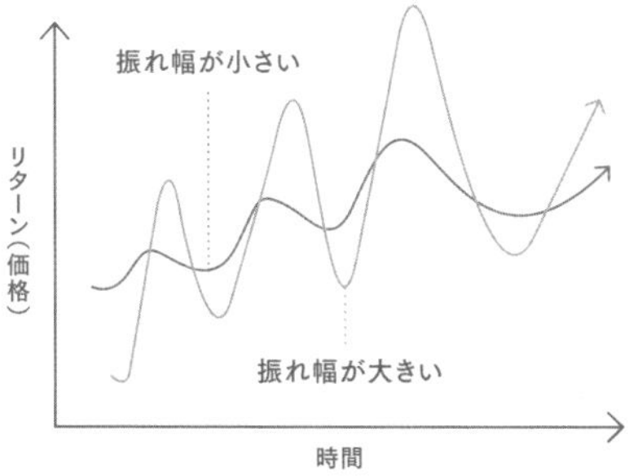

金融商品A
振れ幅が大きいので下がるリスクも高いがリターンも大きい。
ハイリスク・ハイリターン

金融商品B
振れ幅が小さくあまり下がらないがリターンも小さい。
ローリスク・ローリターン

地域や種類によるリスク&リターンの分布

私の考えるリスク&リターンはおおよそ、このような感じです。銘柄選びの参考にしてください。

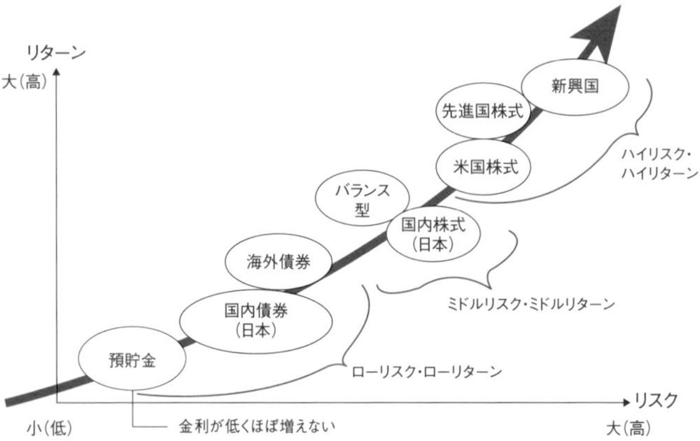

例えば、私はこんな考え方をしています！

●リスクを取って増やしていきたい人(ハイリスク・ハイリターン)

米国の企業を対象とした投資信託を選ぶとよいです。アメリカの企業だけに集中して、値動きの幅も大きいけど、将来的にリターンが大きい可能性があるかなと思います。

銘柄例

・eMAXIS Slim 米国株式(S&P500)→P66参照
・SBI・V・S&P500インデックス・ファンド

●平均点（ミドルリスク・ミドルリターン）を取りたい人

米国株だけに投資するのは不安……。積極的に値上がり益を期待するより、いろいろな国へ分散して投資をしたいという人は全世界株式を選ぶのも一つの手です。

銘柄例

- eMAXIS Slim 全世界株式（オール・カントリー）→P66参照
- eMAXIS Slim 全世界株式（除く日本）→P67参照

※上は日本を含む全世界株式、下は日本を除く全世界株式です。どちらを選ぶかは、日本も含めて投資したいか、日本以外に投資したいかで決めてOK。

●あまりリスクを取りたくない人（ミドルリスク・ミドルリターン）

大きな値動きの幅に耐えられないけど、多少のリスクには耐えられる人は、バランス型に投資するといいと思います。

銘柄例

- eMAXIS Slim バランス（8資産均等型）

8資産とは国内株式、先進国株式、新興国株式、国内債券、先進国債券、新興国債券、国内リート、先進国リートです。この資産に均等に投資します。投資信託の中でも価格変動リスクが比較的少ない商品です。

リート（REIT）は、投資家から集めた資金で不動産への投資を行う「不動産投資信託」です。

●可能な限りリスクを取りたくない人（ローリスク・ローリターン）

債券の比率が株式よりも大きな投資信託を選ぶといいと思います。

銘柄例

- 楽天・インデックス・バランス・ファンド（債券重視型）

株式30％、債券70％。債券は国や企業などが投資家からお金を借りるために発行され、満期まで待てばお金が戻り、その間、利子も得られます。株式に比べ値動きの幅は小さく、リスクが低くなります。

ステップ3

購入する

3

買いたい銘柄が決まったら、ネット証券の場合、買い付け画面で積立注文を設定すれば購入できます。その際、どこの証券会社も目論見《もくろみ》書を確認したか、チェックを求められます。投資信託には必ず目論見書が添付され、ネット証券なら画面上で確認できます。目論見書とはその投資信託に組み入れられている銘柄や運用実績、リスクなどについての説明書です。

チェックを入れたら、初期設定で設定した取引暗証番号を入力すれば積立がスタートします。

投資できる金額には年間に買える上限があります（P56表参照）。不安があれば最初は少額ではじめ、大丈夫だと思ったら途中で増額しましょう。

増額は①すでに積立設定している銘柄を増額する、②新しく銘柄を追加するの2パターンがあります。

①では積立している銘柄の積立金額を変更して増額します。②の新しく追加するには買いたい銘柄を検索し、購入を注文し、積立金額を設定すれば追加できます。いずれも、書類などを提出する必要はなく、ウェブ上で操作ができます。

途中で増額できるから、
最初は無理のない金額
ではじめるのがおススメ。

楽天証券での積立設定

ネット証券の積立設定の仕方の一例として紹介します。

1 マイメニューから つみたてNISA画面へ

楽天証券のサイトの右上

2 投資銘柄を探す

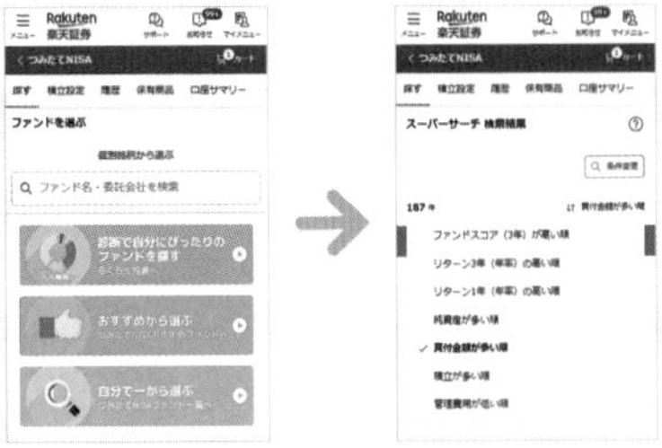

「買付金額が多い」を選ぶとランキングが見られる

3 銘柄を注文する

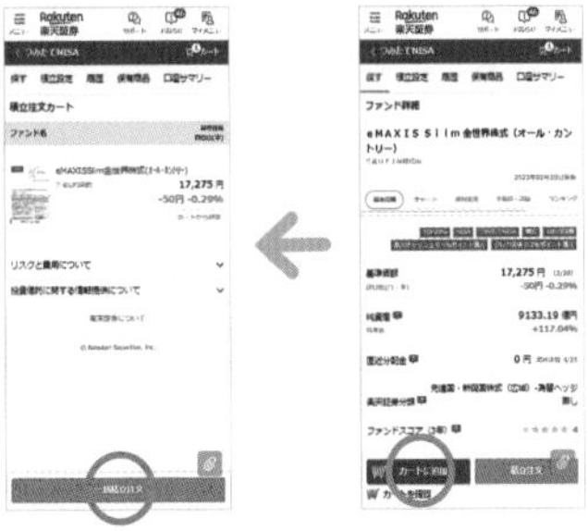

カートに追加→カートを確認→一括積立注文

4 積立注文の設定をする

毎月の積立金額を入力し、再投資型にする。

設定完了！

積立の設定までできたら、投資への第一歩を踏み出せたね！
投資の世界へいらっしゃい♪

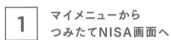

下落の時に見返して！
りりなが伝えたいこと

つみたてNISAは低リスクといっても投資なので、上がる時もあれば下落することもあります。時には元本割れすることも。そういった時の心構えを記します。

もしマイナスが続いたら、
対処方法には以下の３つがあります

1. まずは、また上がることを信じてがまんしてください！
2. 次に、やはりがまんできないという場合、銘柄をリスクの少ないものに見直す。
3. それでもどうしても耐えられない、または今すぐ現金が必要な場合は売却もあり。

耐えられないと思ったら、思い出してほしいこと

●積み立て続ける！

積立投資は、下がっている時は口数をたくさん買えているから、すぐにやめちゃダメ！　ドル・コスト平均法（P58参照）を思い出して、負の感情に負けないで！積み立て続けていくことが大切だよ。

●長期投資だよ！

つみたてNISA＝長期投資をしているから、下がっている時は通過点だと思って。長期のチャート（P120参照）を見返してみて！　下のチャートでも長期でみると右肩上がりだと確認できます！

「eMAXIS Slimバランス（8資産均等型）」5年間の週足チャート

基準価額
1カ月　3カ月　6カ月　1年　3年　5年　10年
24,000円
21,000円
19,433円
18,000円
15,000円
12,000円
9,000円
6,000円
右肩上がりに上昇
2020年3月コロナ禍の暴落
2019/1
2020/1
2021/1
2022/1

※ヤフーファイナンスより作成

このチャートを見ると、2020年のコロナ禍の時にぐんと落ちているけど、その後また上がっているよ。

●下落は絶対経験する

つみたてNISAでも株にはずっと右肩上がりのスーパー楽勝モードは存在しない。下落は必ず誰しも経験する。いつかは経験する下落が今のタイミングできているだけ。資産を築いている人は、下落を何度も乗り越えている！

●自分の心のキャパがわかるタイミングと思って！

耐えられないなら、自分のリスク許容度を超えた銘柄へ投資しているのかもしれない……。値動きの幅が小さい、ローリスクな銘柄へ変更すれば、値下がり幅も小さくなります。

●the極論！　見ない！

限界と感じたら、しばらく損益を見ないっていう選択もアリ。

新しいNISA

2024年から新NISAがスタートします。非課税の運用期間が無期限！投資上限額もアップ！とワクワクする内容に変身！今までのNISAとの違いをはじめ、どんな制度かを説明します。

どんな制度？

国が国民の「眠っている貯金」を「投資」に回してもらって経済を活性化させよう！と、今までのNISAを拡充させたのが新しいNISAです。現行の「つみたてNISA」と「一般NISA」を一つにしたような制度で、新しいNISAには「つみたて投資枠」と「成長投資枠」があります。そして今まで同様、投資で出た利益に税金がかからなく、しかもその非課税運用期間は無期限に！　投資可能期間も無期限に！　さらに、投資できる上限額もアップします！

守りの運用に！

攻めの運用に！

	つみたて投資枠	成長投資枠
1年間で投資できる上限金額	120万円（月上限10万円）	240万円（月上限なし）
投資対象商品	投資信託	個別株式・投資信託等
運用方法	毎月積み立てる	一括購入・積立のどちらも可。投資の幅が広がる
非課税運用期間	無期限	無期限

新しいNISA基本情報

つみたて投資枠は今までの3倍！しかもつみたて投資枠と成長投資枠の併用ができて、生涯投資枠の上限額はなんと1,800万円だよ（うち、成長投資枠は1,200万円まで）！　す、すごい！

新しいNISAのポイント

新しいNISAでできること。
非課税保有期間の無期限化や上限額の大幅拡大など、
今までのNISAと異なるポイントをまとめておきます。

●つみたて投資枠と成長投資枠の使い方

つみたて投資枠で買える商品は、つみたてNISA同様、金融庁の基準をクリアして届け出された『投資信託』。成長投資枠で買えるのは『個別株』や『投資信託』等です。このつみたて投資枠と成長投資枠は併用ができます。

●非課税投資枠の再利用ができる

生涯投資枠の限度額1,800万円に達しても、例えば100万円を売却すれば、100万円分の非課税枠が復活し、また100万円新たに非課税で投資ができます。

※ただし、その年に利用できる金額は、つみたて投資枠120万円、成長投資枠240万円まで。

●投資可能期間＆非課税運用期間が無期限に！

投資可能期間

「一般NISA」2023年まで
「つみたてNISA」2023年まで※
↓
新しいNISA　無期限！

非課税運用期間
（利益に税金がかからない期間）

「一般NISA」　5年
「つみたてNISA」　20年
↓
新しいNISA　無期限！

税金がかからない期間も投資できる期間も
無期限なんて、嬉しすぎる！

※一般NISAは2027年まで保有でき、その間に売却すれば非課税。つみたてNISAについては、P83を参照。

●上限額が大幅にアップ！　生涯の投資上限額が1,800万円に！

上限額

「一般NISA」　600万円
「つみたてNISA」　800万円
↓
「新しいNISA」
つみたて投資枠＋成長投資枠1,800万円
（成長投資枠は1,200万円まで）

夫婦なら生涯投資枠1,800万円×2人分＝3,600万円を非課税で運用できることになる。しかも無期限だから、その枠を使ってマイペースに投資ができる!

●つみたて投資枠＋成長投資枠が併用できるから、投資の自由度がアップ！

「つみたてNISA」と「一般NISA」の併用は不可
↓
新しいNISA　「つみたて投資枠」と「成長投資枠」が併用可

今までつみたてNISAをやっている人が個別株への投資する時、利益に税金がかかる特定口座で投資していたと思います。でも、新しいNISAなら「つみたて投資枠」と「成長投資枠」を併用できるから、「成長投資枠」を使って非課税で個別株にも投資をできるようになります！

しかも、ずっと利益が非課税なんて、お得すぎる!

つみたて投資枠と成長投資枠の使い方

NISA口座を開設すれば、つみたて投資も個別株投資も
同時に行えるようになったのが新しいNISAのいいところ。
このメリットを活かした使い方を説明します。

つみたて投資枠の使い方

今までのつみたてNISAと同じ考え方でOK。投資信託の銘柄を選んで毎月の家計に無理のない金額でコツコツ積立をする守りの資産運用をします。もちろん新しいNISAになっても、投資信託の銘柄は金融庁の基準をクリアした銘柄です。

成長投資枠の使い方

成長投資枠では「投資信託」も、「個別株(日本株や米国株)」や「リート(不動産投資信託)」も買え、投資の幅が広がります。ただし、どの銘柄をいつ買うか？　を自分で判断しなければならず、難易度は上がります。成長投資枠の使用方法の例をあげます。

方法1

つみたて投資と同じ投資信託に積立をする(つみたて投資枠で買っている投資信託なら、初心者でも比較的リスクの少ない堅実な運用が可能だから)。

成長投資枠の場合、投資信託を、積立でも、買いたいと思った時に買いたい金額で購入することもできます。

方法2

配当金を目的とした投資をする。
→P107参照。

通常配当金には約20％の税金がかかりますが、成長投資枠なら非課税！　なので、新しいNISAで投資するとまるまる配当金をもらえます！

りりな家の新しいNISAの使い方

NISA口座は夫名義と私名義の2口開設していて、
それぞれ以下のような使い方をしようと思っています。

夫名義

つみたて投資枠＆成長投資枠の両方とも投資信託を毎月積立で買っていきます。
夫は堅実な積立投資で守りを固めます！

例えば

新しいNISAで生涯投資枠1,800万円を投資信託の積立で運用したとします。
夫は現在35歳。30年後のことを考えて！

1名義分積立
毎月5万円×12か月×30年＝1,800万円
年利4％で運用できたら……
元金1,800万円に対して
＋1,670万円
合計34,702,470円！

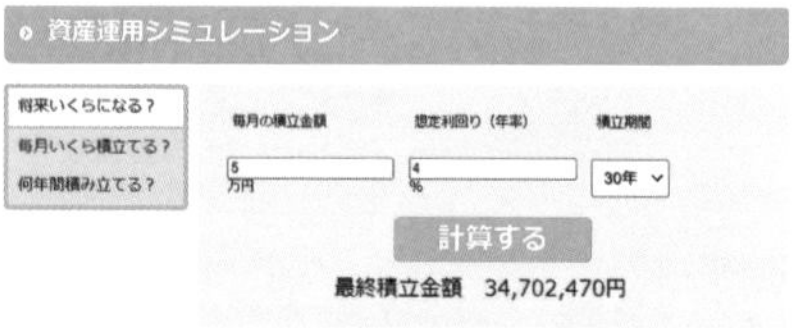

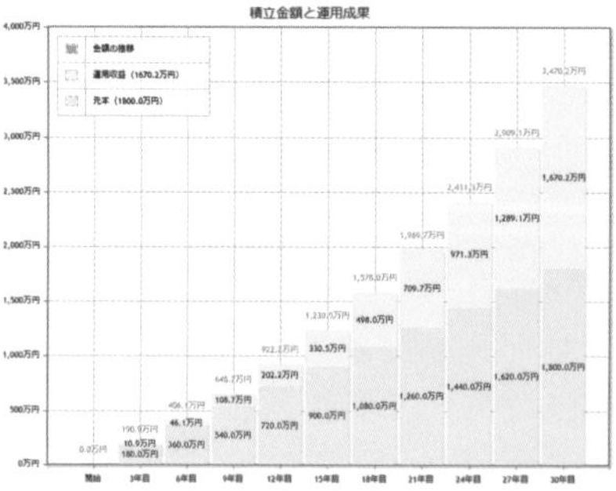

老後2,000万円問題が1人分で解決してしまうね！　気になる人は金融庁のサイトでシミュレーションしてみるといいよ♪
https://www.fsa.go.jp/policy/nisa2/moneyplan_sim/index.html

私名義

私は、つみたて投資枠は、今つみたてNISAで投資しているのと同じ銘柄へ毎月積立します。成長投資枠は個別株に投資して配当金をもらえるようにしたい！　夫に守りの投資をしてもらう分、私はリスクを取れると思って。配当金で日々の生活に潤いを持たせたいと思うから。

目指せ！　毎月5万円の不労所得（配当金）！

人それぞれ、毎月投資に回せる金額が違うので、生涯投資枠を使い切るタイミングもバラバラになって当然です。そこで焦って無理して投資をしすぎて、逆に投資貧乏になってしまっても困るので、家計管理をして日々の生活を守りつつ、できる金額で資産運用をしていくのがよいと思います！
新しいNISAは、非課税期間も投資期間も∞（無限）になるから焦る必要なし。自分の描いた未来を実現できるよう、ゆっくりと運用をしていこう！

新しいNISAだからできる“りりな家”出口戦略

新しいNISAはスイッチングしても非課税枠が復活する！　で、私が思ったのは「出口戦略に使える！」です。私の戦略を紹介します。

スイッチングとは

金融庁によると、スイッチングは「保有している金融商品を売却し、別の金融商品を購入して金融商品を入れ替えること」をいいます。

出口戦略とは

投資は売らないと利益が確定しません。出口戦略は投資によってできた資産をどう有効に取り崩して（売却して）いくかを考えるということです。

りりな家のスイッチング戦略

① 夫の定年退職までは、つみたて投資枠でリスクを取った運用をします。**例えば、「eMAXIS Slim 米国株式（S＆P500）」や「楽天・全米株式インデックス・ファンド」などのハイリスク・ハイリターンの銘柄です。**

↓

② 夫が定年退職したら、年間360万円ずつ売却して利益を確定。

↓

③ すると売却した分の非課税枠が復活するので、ミドルリスク・ミドルリターンの銘柄で4％前後の利回り（投資金額に対する利益の割合）が期待できる銘柄に変更します。例えば「eMAXIS Slim バランス（8資産均等型）」やローリスク・ローリターンの債券重視型です。

つまり、60歳以上の資産を取り崩していく年齢になったら、リスクが低い投資信託に買い替えるということです。これで値動きの激しさにハラハラせずに過ごすことができ、継続して積立投資ができるからです。

銘柄の買い替えは人それぞれのライフスタイルによって異なると思います。これはあくまでも現時点でりりな家で考えている出口戦略となります。
また、新しいNISAは売却をしたら、売却した分の非課税枠が復活するという話を聞くと「利益が出たら売却して、新しい株を買おう」と思いつくかもしれません。でも、短期売買はしないでください。短期売買より、長期のほうが結果的に資産が増える可能性があるからです！

2023年までの
つみたてNISAはどうなる？

新しいNISAがはじまったら、今までのつみたてNISAはどうなるのだろう？
と思いますよね。
その疑問について解説します！

つみたてNISAはどうなる？

今の制度を維持したまま20年間非課税で運用可能だから安心してください！　そして非課税枠が終了する20年後には、積み立ててきたお金や利益などの運用資産が「非課税口座（利益に税金がかからない）」から、利益に対して税金がかかる「特定口座」か「一般口座」に移されます。その時、それまで投資をしていた資産の全部が一度に移されるのではなく、投資して20年経った分から五月雨式に移されていきます。

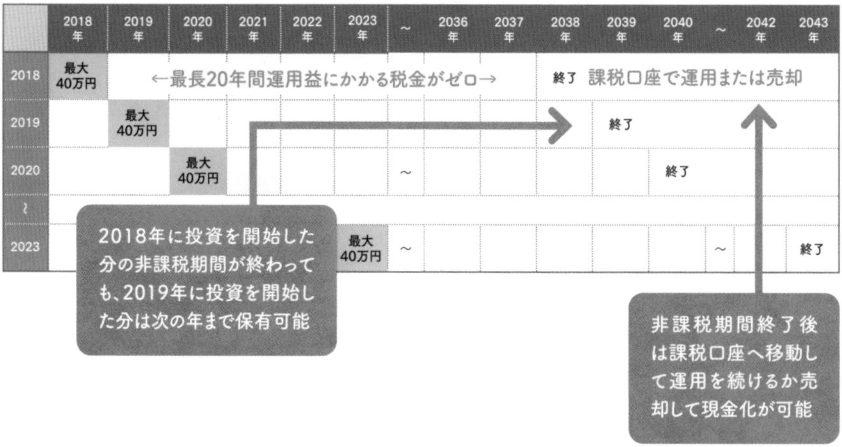

今までつみたてNISAで投資した資産を売却したほうがいい?

売却して、2024年1月からの新しいNISAの投資資金にしようと思うのは、もったいないです!!　なぜならこれまでのつみたてNISAの非課税枠に加えて、新しいNISAの非課税枠がもらえるからです。つまり、今までつみたてNISAをやっていた人のほうが、生涯使える非課税枠が多いってことなんです。それを手放してしまうのはもったいない。その分も売却せずじっくり寝かしたほうがよいです！
でも、20年の非課税期間が終わって課税口座に移される分は、売却して新しいNISAの非課税枠が余っていたら、その枠を使って新たに投資するのはよいと思います。

つみたてNISAを今からはじめて遅くない?
新しいNISAを待ったほうがよい?

今すぐはじめたほうがよいです！　つみたてNISAをはじめたら、その分も非課税枠で運用でき、新しいNISAの非課税枠ももらえます。だから、2024年まで待っていないで今すぐはじめたほうがお得なんです。

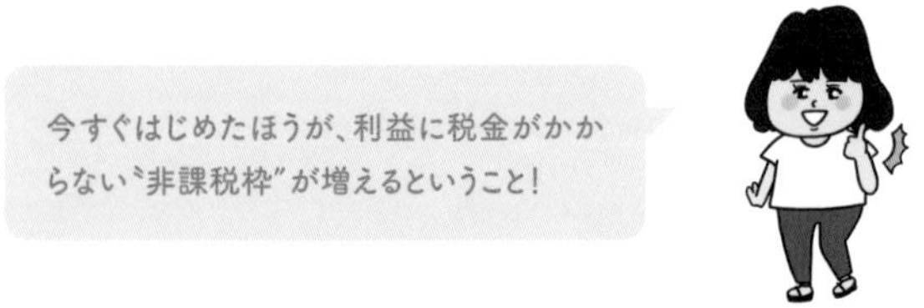
今すぐはじめたほうが、利益に税金がかからない〝非課税枠〟が増えるということ!

つみたてNISAが20年経ったら

こんな方法が考えられます。
①売却して新しいNISAへの投資資金に。
②老後資金を考えるタイミングになっていて、新しいNISAの枠がなかったらiDeCoで積立運用。iDeCoなら運用して出た利益が非課税になるからです。
③教育費など、何かまとまったお金が必要だったら、非課税期間内でも利益が出ている時に売却します。

最後におさらい

つみたてNISA

☑ 投資初心者にやさしい投資

金融庁の基準をクリアした「投資信託」の金融商品に、毎月定額でコツコツ積み立てていき、プロが運用してくれます！

☑ 年間に投資できる金額が決まっている！

2023年までのつみたてNISAは年間40万円（月3万3,333円）、2024年からの新しいNISAのつみたて投資枠は年間120万円（月10万円）になるよ。まずはできそうな金額からはじめて、途中で増額もOKです！

☑ メリットとデメリット

最大のメリットは、投資で出た利益に税金がかからないこと！デメリットは投資なので元本保証がないこと。元本割れする可能性もあるけれど、長期では負けにくい投資。

☑ 口座はNISA専用の「ＮＩＳＡ口座」を開設

銀行・信託銀行、証券会社、信用金庫などで開設できます。基本的にNISA口座が開設できるのは一人1口座のみです。

※ただし、廃止手続きをすれば、別の証券口座でNISAをはじめられます。

☑ 銘柄選びが大切

成長を期待する国や地域の投資信託を選びます。軸となる銘柄を決めて、トッピングしていくのもアリ。また、投資でいう「リスク」は値動きの幅のことをいいます。リスクを取ってリターンを狙うか、リスクを取らずミドルのリターンを狙うか、自分が耐えられる、自分に合った銘柄を選ぼう！　途中で変更もできます。

つみたてNISA Q&A

投資初心者さんからよく聞かれる質問に回答します！

Q1 1,000円など少額からでもはじめるべき？

A1 はじめるべき！　時間を味方にする投資方法なので、今すぐはじめましょう！ つみたてNISAは、いつでも増額・減額・積立停止ができるので、迷っている間に、時間がどんどん過ぎちゃうのはもったいないよ！　まずはできる金額からはじめましょう！

Q2 専業主婦でもつみたてNISAはできますか？

A2 できます。つみたてNISAは18歳～はじめられる！　雇用形態や定期収入の有無は関係ないです！　産休中でも、育休中でも、専業主婦でもはじめられます。

Q3 確定申告は必要ですか？

A3 つみたてNISAの場合は、非課税期間での売却であれば、利益に対して税金がかからないので確定申告しなくてOK！　非課税期間終了後の、課税対象になる利益に対しても、特定口座源泉徴収ありの口座であれば、税金の処理は証券会社がやってくれるので、確定申告する必要はないです！

Q4 ボーナスを利用して40万円一気に投資をするのはありですか？

A4 結論からいうとナシ！　長期間、コツコツ積み上げていくのが、つみたてNISA本来の運用方法です。そのほうがリスクが分散されるし、ドル・コスト平均法も活用できます。

Q5 つみたてNISAで損失が出て借金になることはある？

A5 絶対にありません！　つみたてNISAで投資した元金よりも、マイナスになって借金になることは絶対にないので安心して！
株式投資で借金になるのは証券会社からお金を借りて行う「信用取引」という取引です。つみたてNISAは、信用取引ではないので借金を負うことはないです。

Q6 現在、月1万円を投資中ですが、いつ増額すればいいですか？

A6 資金に余裕があるなら、今すぐ増額すべき！　積立投資は買うタイミングを気にするものではありません。買うタイミングを待っていても、いつ株価が下がるのかはわかりません。それより、投資金額が増えれば安くなった時にいっぱい買え、株価が上がった時に利益が増える可能性があるのですぐ増額しましょう。

Q7 対象商品に債券重視型がありますが、これに投資するのはどうですか？

A7 少しもったいないかなと思います。債券は満期になれば決められた利子が支払われ、低リスクといえますが、それほど高い利子ではありません。せっかく非課税枠を使うなら、大きな利益が期待できる米国株や先進国などの株式に投資する銘柄のほうが、適していると思います。

Q8 資金がなくなったら、どうすればいいでしょう？

A8 積立を続けたいけど、家計が悪化して入金が困難になったらどうしようという心配があるかもしれません。ネット証券なら、ウェブ上で積立設定を解除すれば、積立をストップできます（ただし、信託報酬はかかり続けます）。今まで保有していたものは、そのまま非課税で運用を続けられるので、現金が必要になるまでは寝かせておく。そして、家計に余裕ができた時、積立を再開すれば大丈夫です。なるべく売らずに保有してほしい！

Column

はじめ時は、いつも今

私は2020年コロナショックで大暴落した時、1日で60万円の資産が減るのを経験しました。1日でだよ？　投資をはじめて初めての下落で、精神的に極限状態になり、結果、もう無理だ〜って、見ない選択を取りました。でもその間も、コツコツと積み立て続けられて、結果的に、その後大きくプラスに。続けることの大切さを痛感。下落は一生続くものじゃないし、いつまでかはわからないけど、「明けない夜はない」。下落時は、みんなも下がってる、ともに切り抜けて、将来のため資産運用しようと思います。

そして、「今円安だから、待ったほうがいいかな？」「今、株価下がっているみたい、待とうかな？」と、迷ってしまってなかなかはじめられない人も多いと思います。

でも、つみたてNISAは毎月定額で、高い時には少ない口数、安い時には多い口数で買う『ドル・コスト平均法』だし、長期で買っていくものだから少しでも早くはじめれば、それだけ長く投資が続けられるから、タイミングを気にする必要は、ほぼありません！　はじめたいと思った時がはじめ時です。

Third Step

つみたてNISAの次に、何かやろうと思ったら。もう少し攻めの投資と、老後資金のためのiDeCoについて紹介します。

つみたてNISAは長期投資していくものだから、未来の暮らしを豊かにするもの。でももう少し、お金を増やしながら『今』も楽しんでほしいから、少しハードルが上がるけど個別株投資も知っていてほしい。
iDeCoも運用益が非課税だから、つみたてNISAとの違いも含めてチェック！

3

Third Step

ちょっと攻めの投資

『個別株投資』にチャレンジ&『iDeCo』で老後資金も考えてみよう

株主優待
約5万円分の優待ゲット／年
配当金
約30万円／年
iDeCo
約35万円の利益／4年半
※2023年3月3日現在

つみたてNISAが守りの投資なら、
株主優待・配当金を目的とした
個別株への投資は、攻めの投資。
そして老後資金のために運用している
iDeCoについても少し説明します！

守りと攻めの投資について

つみたてＮＩＳＡは、投資のプロが売買して運用してくれ、すでにいろいろな銘柄が詰め合わせパックになっている「投資信託」への投資だから、初心者にもやさしい投資方法でした。一方、今から紹介する個別株への投資は、自分で銘柄を選び、売買する必要があります。

私の資産運用の方法は、〝守りの投資〟を固めつつ、お金が増えるスピードをもう少し上げる〝攻めの投資〟を組み合わせるというものです。守りの投資は投資信託を使うことでリスクを抑える、つみたてＮＩＳＡやｉＤｅＣｏ。攻めの投資では、私はこの章で紹介する『株主優待』や『高配当』を目的とした個別株への投資の他、米国株投資、不動産投資信託、暗号資産（ビットコイン等の仮想通貨）までの投資を行っています。

攻めの投資では利益が上がる可能性が高い分、元本割れする可能性も高まります。でも、超低金利でほとんど増えない預貯金は、年々物価が上がっている今、目減りしているのと同じではないかと。やはり、お金を寝かせておくのではなく、働いてもらう……それが私の答えです。

守りの投資は将来利益を得るためにコツコツ積立するものだけど、この章で紹介する個別株への投資は、優待と配当金を目的としたものだから、毎年配当金をもらったり優待をもらったりと、投資をしながら〝今〟も楽しんでほしいなと思っています。

個別株投資って？

個別株投資とはどういう投資で、何を目的にしたらよいかを紹介します。

個別株投資とは？

企業が発行する「株式」の中から、目的に合った株式を自分で選んで証券会社に売買注文を出し、利益を得るという投資スタイルが『個別株投資』です。投資信託と異なり、株を保有していると、株主優待や配当金がもらえます。日本でできる個別株投資にはこの本で紹介する日本株の他に、米国株、中国株などの外国株もあります。

個別株投資には主に3つの目的があると思います

1. 値上がり目的
2. 株主優待目的 → P97
3. 配当金目的 → P107

③

会社の業績に応じて現金でもらえる配当金を目的にした投資。ある程度安定性の高い株を売買する。

②

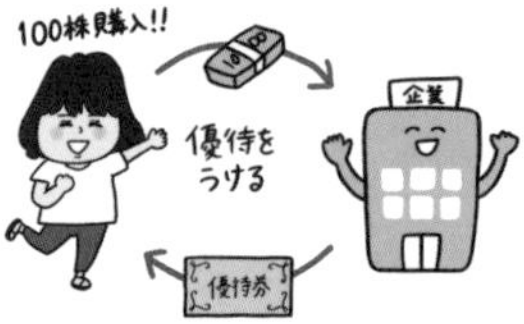

株主優待を目的にした投資。本当にほしい優待で、ある程度安定性の高い株を売買する。

①

値上がり益を目的にするから、時にはリスクの高い株式を売り買いしなければならない！

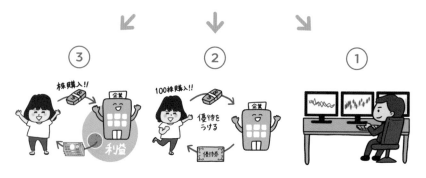

その中でも①の値上がり目的は、株価の値上がりを目的としたもので、イメージとしてはかなりしっかり株を勉強して投資をし、毎日値動きをチェックしなければならないような投資です。実は私も値上がり目的で投資をして、120万円もの損をしたという苦い経験が……。相当なストレスでした。
そこで、個別株に投資をする目的のおススメは、②と③です。もちろんリスクはありますが、投資をしている間に楽しみもあり、できるだけ長期で保有したい株を選んでもらえたらと思います。

優待か？　配当金か？
目的を決めて投資しよう

“目的”は銘柄を選ぶ基準にもなり、購入した株を保有し続ける意味にもなります。
例えば、株主優待を目的にした場合、少し株価が下がってもこの株を保有している目的は「株主優待をもらうためだから」とすぐに売却せずに保有し続けることができます。それに、株主優待がきっかけで投資に興味を持って、違う企業への投資もやってみるのもアリだと思います。
配当金が目的なら年いくらの配当金がほしいかで選ぶ銘柄や購入する株数も変わってきます。

魅力的な株主優待制度があり、その上、配当利回りもよいという銘柄も少しはあります。
それぞれの目的についてはP97～とP107～で詳しく紹介します。

株主優待・配当金目的の
個別株投資をする前に
知っておきたいこと

●まとまった資金が必要

株主優待をもらうには各企業が決めている**最低保有株数**を持っている必要があります。株は基本的に100株からの購入です（ただ、証券会社によっては1株から購入できる場合もあります→P116参照）。

例えば、
株価2,500円の株を株主優待目的で購入する場合
2,500円×最低保有株数100＝25万円
の資金が必要！

また配当金投資でも、まとまった配当金がほしい場合はそれなりの株数が必要になるので、資金もたくさん必要になってきます。

例えば、
年に3万円の配当金がほしい場合
株価1,000円で配当が30円／1株なら、1000株が必要。
すると1000株×1,000円＝100万円
の資金が必要になります。

●権利付最終日に要注意！

『配当金』や『株主優待』をもらうためには、各企業が決めている**『権利確定日』に株主として名簿に記載されていなければなりません。**
この株主名簿に記載されるのは、買った翌日から2営業日目。配当金や優待がほしい場合、**権利確定日の2営業日前**までにその企業の株式を購入しておく必要があるのです（土・日・祝日は営業日に含まれないので注意！）。この日を『権

利付最終日』といいます。
証券会社によってはホームページで各企業の権利付最終日を告知していることもあるので確認してください。

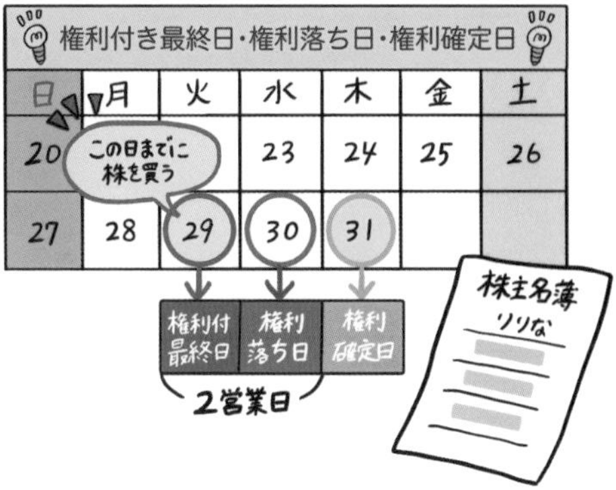

もう一つ、実は一番注意なのが、権利確定日間際は、**株価が上がる可能性が高いということ！** 間際に購入すると、一番早いタイミングで配当金や優待がもらえるかもですが、権利確定日後には下落するということもよくあり、それに巻き込まれてほしくないのです。**権利確定日だからといって買うのではなく、株価の安い時に買うことをおススメします！**

●つみたてNISAよりハイリスク

個別株は、つみたてNISAより投資資金が多額になることが多く、また元本割れすることも珍しくありません。ただ、個別株も長期保有すると株価が元に戻ることがあるので、買った時より株価が下がっても慌てず、保有し続けましょう。しかし、場合によっては損するとわかっていても売却する、いわゆる損切り（P126参照）が必要な時もあります。

●株主優待・配当金投資、知っておくべき最大のリスク 優待廃止に減配・無配

業績の悪化などで『株主優待』が廃止されることがあります。株主優待は商品などがもらえて楽しい制度ですが、コストがかかり、最近では廃止する企業も増えています。
カタログギフトで私も大好きだったオリックスは、2024年3月をもって、株主優待制度を廃止することになりました。他にも、2022年に廃止を決定した企業は日本たばこ産業、フジ日本精糖、イフジ産業、マルハニチロ、サニーサイドアップグループ、プレナス、大東建託、ペッパーフードサービス、丸井グループ、シダックス、柿安本店などです。
優待廃止を予測することはなかなか困難です。ただ、その企業の業績が悪化してきたら、優待廃止や優待の内容改悪などのリスクがあるかもしれないと注意したほうがいいでしょう。

配当金目的の銘柄も同様に業績の悪化から、配当金を前年より少なくする『減配』を行ったり、最悪の場合は配当金を出さない『無配』になったりすることもあります。
私は、減配の場合は過去の実績をみて、過去減配したことがあってもまた配当を戻している実績があったら、復配（配当を戻すこと）の可能性があると思い保有を続けます。それでも保有し続ける理由がなくなったら売却を考えてもよいと思います。

高配当といわれて購入したキヤノン株。コロナショックの2020年に大幅に減配、株価も下がってすごい含み損（買った時よりも株価が下がっている）になったけどその後、増配が行われ、株価も上がり、含み益（売れば利益が出る状態）になったということもあるよ！

株主優待目的の個別株投資

その企業の株を持っている株主の特権、株主優待！
いろんなサービスや商品をもらえるのが楽しみです！

株主優待とは？

株主優待とは、企業が株を買ってくれた人に自社商品やサービスなどを贈る、日本にしかない制度です。例えば自社レストランの食事券、食品、スポーツジムなどの施設利用券、クオカード、なかにはカタログギフトからほしい商品を選べる優待もあり。その内容はバリエーションに富んでいます。
株主優待をもらうには、権利付最終日（P94参照）にその企業の株を保有していて、最低保有株数（必要な株数）や保有期間など企業ごとの条件を満たす必要があります。

息子とサシで（2人で^^）ジョナサンに行った時も優待を使ったよ！

優待が届くと日々の生活に潤いが出るよ！　例えば、すかいらーくホールディングスの優待券で、から揚げ専門店「から好し」のから揚げをテイクアウトするのが定番！

株主優待目的の個別株投資 3ステップ

個別株への投資方法は、目的が違っても同じです。
違うことは、銘柄の選び方になります。

ステップ 1

証券会社の口座（証券口座）を開く

→ P99

ステップ 2

投資する銘柄を探して選ぶ

→ P100　ここが一番大切！

ステップ 3

購入する。あとは株を保有し、株主優待をもらう

→ P106

ステップ1

証券口座の開き方

1

銀行では個別株の購入はできないので、つみたてNISAを銀行でやっていた人は、証券会社で口座を開きましょう。つみたてNISAを証券会社ではじめた人は、その証券口座でもOKです。証券会社を選ぶ時には、手数料に注目してください。つみたてNISAでは購入時に手数料がかかりませんでしたが、個別株の売買には手数料がかかります。売買の注文を出して取引が成立することを「約定（やくじょう）」といいます。手数料は1約定ごとにかかります。その手数料は証券会社によって異なるんです。

手数料が圧倒的に安いのはネット証券です。

また、証券会社やネット証券では、サイトやアプリを通して、リアルタイムの株価情報、株価チャート、株式関連ニュースなどが提供されます。その内容は会社によって違います。どのような情報が提供されるのかチェックして、興味のある情報を提供している証券会社を選ぶのもアリです。

株主優待目的の時は100株からという企業が多いのであまり関係ないけど、配当金目的の投資もはじめたいなら、1株から買える証券会社に口座を作るのもアリだよ→P116参照。

ステップ2

投資する銘柄を探して選ぶ

2

本当にほしい優待で、さらにずっと保有しておきたいと思える企業の株かどうかを考えましょう。といっても、購入金額より株価が下落したり、優待がほしくて購入したのに優待廃止になる可能性もあります。金融庁が条件を設定した、つみたてNISAの商品と比べて、個別株はリスクも高く、自分で選んだ企業の営業成績がダイレクトに株価などにも影響します。それでも、本当に保有したい株なのか考え、その企業を応援したい！という気持ちを持ちつつ、購入前に株価の動きをチャートで確認したり、その会社の安定性も確認してから選びましょう。

どんな企業がどんな優待を出しているかは、インターネットで「株主優待人気ランキング」と検索すれば情報が出てきますし、株主優待を特集している雑誌を読んでみるのもよいと思います。そこに必要な株数（最低保有株数）、権利確定日などの情報も記載されています。

どんな優待が、どのくらいの資金で買えそうかわかったら、日常使える優待かどうかもチェックポイント。
私は以前イオンを優待目的で保有してたけど、家の近くにイオンがないので売却した経験があるよ。

株主優待選びのチェックポイント

下記のようなポイントを雑誌やネット、企業ホームページにあるIR情報などでチェックして選びましょう。

●どのような優待か？

どんな優待がもらえるか、必要株数などの情報を調べて、本当にほしい優待なのかもよく考えましょう。

●必要な株数は？　資金がいくら必要か？

優待をもらうためには、最低保有株数が必要です。100株からという企業がほとんどですが、必要な株数を確認しましょう。最低保有株数がわかったら、最低保有株数×株価で、資金がいくら必要か把握しましょう。

●含み損になっても保有し続けられるか？

株価が買値より下がり、損をしていても売らずに持ち続けている状態を「含み損がある」といいます。マイナスになっても、目的は優待ということを思い出して、また株価が買った値段まで回復するまで待てる、長く持ち続けたくなる企業を選びましょう。ただ、業績の悪化で下落が続き、株価が戻る見込みがなさそうなら、損切り（P126参照）を考えてもいいでしょう。

●株価が長期的に下落していないかチャートで確認

購入の前に、株の値動きの状態を株価チャート（P119参照）で確認したほうがよいです。長期的に下がり続けている企業は下落の原因が業績が悪い、買う人が少ないなど、さらに下落する可能性もあるので要注意です。

りりなが株主優待目的で保有している銘柄

私が保有している株主優待目的の銘柄を一部ご紹介します。
優待をもらうために必要な最低保有枚数や、どんな優待がもらえるかなど。
あくまでもこれは参考にして、ご自身の目的に合った銘柄を探してください！

どんな優待がもらえるのか、次のページで一部紹介します♪

りりなの株主優待目的保有銘柄（一例）

会社名	会社情報	優待内容	最低保有株数	権利確定月	必要資金
ヒューリック	不動産投資会社。東京都内に自社物件も保有	3,000円相当の商品をグルメカタログから選べる	300株	12月	32万5,500円
ビックカメラ	家電量販店	買い物優待券／2月2,000円、8月1,000円	100株	2月、8月	11万7,000円
すかいらーくHD	ガスト、ジョナサン等大手ファミレス運営	2,000円分の自社飲食店での食事券	100株	6月、12月	16万2,100円
クリエイト・レストランツHD	鳥良商店、磯丸水産等外食チェーンを運営	2,000円分の自社飲食店での食事券	100株	2月、8月	10万4,500円
FOOD＆LIFE COMPANIES	回転寿司チェーン「スシロー」運営	自社飲食店で利用できる1,100円の割引券	100株	3月、9月	36万5,000円
ベネッセHD	教育・出版の大手。通信教育「進研ゼミ」等運営	株主優待品カタログから希望の1品	100株	3月、9月	20万2,100円
スタジオアリス	子ども専用写真館を運営	スタジオアリスで使用できる無料撮影券	100株	8月	20万7,900円
KDDI	auブランドの携帯電話、通信事業を手掛ける	「au PAY マーケット商品カタログ」から1品	100株	3月	40万4,800円

※優待の内容は2023年1月現在。必要資金は2023年3月3日の株価で計算。

＼ カタログで美味しいものを選んだり ／

ベネッセHD

株主優待品カタログが届きます。子どもの本や食べ物、宿泊券など、充実の内容。またその中に、さらにカタログギフトもあって、美味しいものを選んだりしています。

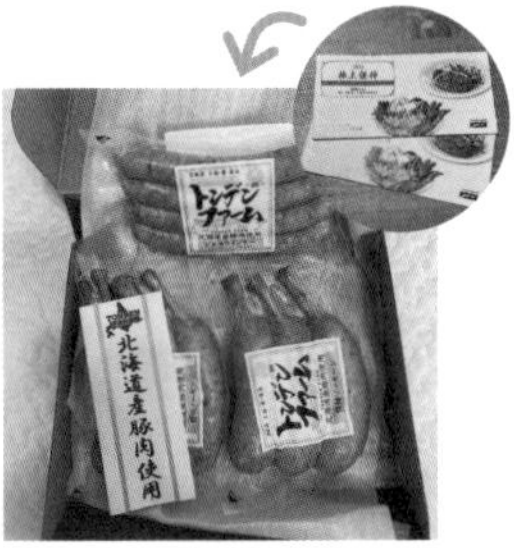

KDDI

毎年、カタログギフトの内容が変わります！　この年は、ソーセージの詰め合わせを選びました。めっちゃ美味しかったです♪　夫がお酒のつまみにしていました♪

ヒューリック

オリジナルのカタログギフトで、どの商品にするかいつも本当に悩みます！　カタログギフトの株主優待でナンバーワンといっても過言ではないかも。写真は冷凍カツです！

スタジオアリス

家族の記念写真が、毎年優待で撮れます！　家族写真を毎年の恒例行事にできるよ♪

＼ 家族でお寿司を楽しんだり ／

クリエイト・レストランツHD

食べ放題の「きづなすし」で、お腹いっぱいお寿司を食べています！

FOOD&LIFE COMPANIES

家族でスシローに行って、株主優待券でお食事！

ビックカメラ

電化製品以外に日用品も売っている店舗もあるから、優待券で生活必需品をゲット！　節約にもなる～♪

株主優待にはカタログギフトや優待券などあって、毎年の楽しみが増えます！　私が大好きだったオリックスのカタログでは、人気のオオサンショウウオのぬいぐるみをもらったよ。

りりなのフォロワーさん保有

"株主優待"紹介

Instagramのフォロワーさんが持っている株主優待を紹介します！
これを見ると身近な企業で優待を出している企業もたくさんあることがわかります。
こんな会社のこんな優待があるんだ〜という参考にしてください。

※詳しい内容、安定性などは必ずご自身でご確認をお願いします。記載の必要資金は2023年2月24日の株価で計算。

イオン株式会社

総合スーパー、ネットスーパーなどを
全国展開する総合小売り大手です。

100株（必要資金25万8,100円）

＼ フォロワーさんの声 ／

- 買い物金額の3%が現金でキャッシュバック！
- 映画も安く、ジュースももらえる。
- 映画1,000円がいい！

ゼンショーHD

牛丼の「すき家」や、親子丼で有名な
「なか卯」を運営する外食大手。

100株（必要資金38万1,198円）

＼ フォロワーさんの声 ／

- 1,000円相当の食事券がもらえます。
- はま寿司に行く時に使っている。
- 使える店舗が10店以上。外食が多い生活なので助かってます！

三越伊勢丹HD

三越と伊勢丹が統合。
百貨店では最大規模。

100株（必要資金14万800円）

＼ フォロワーさんの声 ／

- 10%の割引になる買い物割引カードがもらえます。
- 100株だと割引される買い物の上限額は30万円、株数が多くなるほど上限額が上がります。
- 食品売り場でも使えるのでちょっと贅沢なお惣菜を買う時に使ってます。

日本マクドナルドHD

日本全国でハンバーガーチェーンを展開。

100株（必要資金54万8,000円）

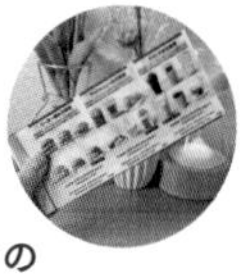

＼ フォロワーさんの声 ／

- バーガー類、サイドメニュー、ドリンクの商品引換券が6枚ずつで合計18枚が1冊にまとまった引換券。
- 優待券だと〝トマトの増量は無料〟が暗黙の了解になってます！
- 引換券はバーガー類もサイドメニューも期間限定商品や朝マック商品にも使えます！

トリドールHD

うどんチェーン店「丸亀製麺」を運営。

100株（必要資金27万198円）

＼ フォロワーさんの声 ／

- 丸亀製麺、肉のヤマキ商店などで使える3,000円相当の食事券がもらえます。
- 100円ごとで使えるので、使い勝手もよき！

西松屋チェーン

ベビー・子ども用品を販売する
西松屋チェーンを展開。

100株（必要資金15万7,200円）

＼ フォロワーさんの声 ／

- 1,000円相当の金額をチャージしたお買い物プリペイドカードがもらえる。
- オンラインショップでも利用でき、西松屋ホームページでカードの残高照会もできて便利です。

コメダHD

コメダ珈琲店チェーンを運営。

100株（必要資金23万5,400円）

＼ フォロワーさんの声 ／

- 店舗で使えるプリペイドカード「KOMECA」がもらえます。
- 継続保有するとカードに年2回、優待金額が自動的にチャージされます。

くら寿司

回転寿司チェーンの「くら寿司」を運営。

100株（必要資金31万3,698円）

＼ フォロワーさんの声 ／

- 優待食事割引券を紙でもらうと2,500円分、スマホで使える電子チケットは5,000円分もらえます。
- 電子チケットは株主向け通知書類に印刷されたQRコードをスマホで読み取って確保します。

いろいろな銘柄が出てきました！
身近な企業がいろんな優待を出しているよ。
魅力的だなと思ったら、調べてみて。

ステップ3

購入する。あとは株を保有し、株主優待をもらう

3

銘柄を選んだら、『買い注文』を出します。ネット証券では注文画面から買い注文を発注します。

株の売買注文には『成行（なりゆき）』と『指値（さしね）』の2種類の方法があります。買うにはその時、売りに出ている株価で自動的に購入することになる「成行」か、買いたい金額を指定してその金額にならないと購入できない「指値」を選んで注文します。

証券取引所では株が売買できる時間が決まっているので、この時間内に注文します。

平日9時〜11時30分、12時30分〜15時（東京証券取引所）

※土曜・日曜・祝日、12月31日、1月1日〜3日は休業。

株主優待は、権利確定日が来たらすぐにもらえるものではなく、権利確定日からだいたい2〜3か月後に送られてくるケースが多いようです。企業によっては発送の日時をホームページで告知しているところもあるので調べてみるといいでしょう。

『成行』とは

メリット：その時に出ている売買注文に対して即座に注文が成立（約定）する。

デメリット：価格を指定できないので高い価格で買ったり、安い価格で売ったりする場合がある。

『指値』とは

メリット：自分が希望する価格で売買できる。

デメリット：株価が自分が希望した金額にならなければ約定しないので、時間がかかったり、指値にならず約定しないこともある。

ちなみに私は、指値で注文を出しています。この金額になったら買いたいな〜って思った金額で注文します！

配当金目的の個別株投資

株は値上がりしても売らないとお金にならないけど、
配当金は現金でもらえるから嬉しい！
憧れの不労所得が叶うかも！

配当金とは？

配当金とは企業が営業活動などによって得た利益を、株主に分配する現金のことです。企業によって配当金の金額や支払われる回数が異なりますが、ほとんどの企業は配当金を年に1回か2回、支払います。ただ、経営状況によっては支払わない場合（無配といいます）もあります。
配当金をもらうための最低保有株数や保有期間は特になく、1株でも1日でも、権利付最終日（P94参照）にその企業の株を保有していれば配当金がもらえます。

こうやってお金がもらえる

支払いは年1回の場合は本決算後、2回の場合は中間決算後と本決算後です。配当金は1株当たりの金額で提示され、例えば1株50円の配当なら、100株保有で5,000円もらえます。この5,000円が本決算後に全額支払われる場合と2,500円ずつ2回に分けて支払われる場合があるということです。

配当金目的の個別株投資3ステップ

配当金目的の投資も、やり方は株主優待目的と同じで、
違うところは、銘柄の選び方になります。

ステップ
1

証券会社の口座（証券口座）を開く

分散投資をするために1株から買える
証券会社がおススメです

→ P99

ステップ
2

投資する銘柄を探して選ぶ

→ P109

ステップ
3

購入する。あとは株を保有し、配当金をもらう

→ P122

ステップ1の「口座の開き方」とステップ3の「購入の仕方」に関しては
「株主優待」と同じなので、株主優待のページを参照してください。
1株から買える証券会社についてはP116を参照してください。

ステップ2

投資する銘柄を探して選ぶ

2

配当金目的の投資で一番のポイントは「配当利回り」です。一般的には配当利回り3％以上は高配当銘柄といわれています。銀行の預貯金より、はるかに高い利率ですよね。

ただ注意したいのはあまりに高い配当利回りは、危険ということ。配当利回りの計算式は、配当金÷株価×100。すると同じ配当金でも株価が安いほうが利回りは高くなるんです。株価が安いのは業績不振で買い手がつかないという理由がかなりあり、なかには倒産寸前の企業もあるから注意です。

そこで投資対象銘柄を選ぶ時には、過去の配当金推移を確認して連続で配当を出せる企業は安定していると判断でき、また『配当利回り』や『PER』（→P111参照）などで株価の「割安性」をチェックしています。「割安」なほうが、この先株価が上がる可能性があるからです。

安定性や割安性をチェックせず、配当利回りが高いというだけで1社に資金を全部つぎ込むのは危険。きちんとチェックして、この企業の株ならという銘柄で、さらに投資資金内で業種も分散させてポートフォリオを組んでみましょう。

年間30万円の配当金をゲットしている!!
収入に＋αの不労所得だよ♡
配当利回りについてはP111も見て。
リスクを減らすために、分散は大切。ポートフォリオについてはP117を見てね。

配当金目的の投資のチェックポイント

配当利回りがよく、長期保有してもある程度安定性の高い銘柄を選ぶために
次の5項目をマストでチェックしてください！

割安性　その会社の利益や資産に対して、現在の株価が安い状態か、高い状態かを判断します。

収益性　企業がいかに効率よく利益を上げているかを判断します。

安定性　企業が現在まで、無配になることなく安定して配当金を出し続けているかを判断します。

- ☑ 配当利回り 3％以上
- ☑ PER（株価収益率） 15倍以下
- ☑ ROE（自己資本利益率） 10％以上
- ☑ EPS（1株当たり当期純利益） 右肩上がり
- ☑ 過去の配当金推移

●配当利回り 3%以上　割安性

購入した株価に対して1年間にいくらの配当がもらえるかの率を示す数値が配当利回りです。計算式は、以下のようになります。

配当利回り(%)＝1株当たりの年間配当金額÷1株購入価額×100

日本取引所グループが発表している資料によると、2023年1月現在、配当を出している企業の平均利回りは約2%。そこで**3%以上なら高配当**といってもいいと思います。

例えば三井住友フィナンシャルグループは2022年11月14日の中間決算で2023年の配当金を230円と発表。2月10日の株価は5,739円。すると配当利回りは約4%です。高配当ですね！

●PER(株価収益率) 15倍以下　割安性

株価がその企業の利益に対して割高か、割安かを判断する目安として利用され、数値が低いほうが割安です。

具体的には

株価が、1株当たりの純利益の何倍かを見ます。純利益とは売上から経費を引き、さらに税金を払って残った利益。**一般に15倍以下が割安とされています**が、今後の株価上昇が期待されて、多くの買い手があり、株価が上昇し、PERが高くなっている場合もあります。

●ROE(自己資本利益率) 10%以上　収益性

株主が出資した資金で企業がどれだけの利益を上げたのかを表わす数値。企業が効率よく利益を上げているかどうかがわかります。

具体的には

ROEが高いと経営効率がよく、低いと経営効率が悪い企業と考えられ、**10%以上が、経営効率がよい**とされています。

●EPS（1株当たり当期純利益）右肩上がり 収益性

1株当たり、どれだけ利益を上げているかを表わす数値です。数値が高いほどその企業の収益力は高いといえます。この**EPSが右肩上がり**ということは利益を上げ続け、その企業が成長していることを示しています。

●過去の配当金推移 安定性

過去の配当金の推移をチェックして、**連続増配をしている企業**なら期待できるし、無配になるリスクは少ないといえるでしょう。または社会的な理由で一次的に減配や無配になっても、その翌年に復配になっている場合は、原因が企業側だけにあるわけではないという見方もできます。

例えば2020年、いわゆるコロナショックの株価暴落時には減配または無配だったが、その翌年には復配になった企業は、原因がコロナショックの可能性があり、復配できる力のある企業と見ることもできる！

余裕があればこれもチェックしてみて

さらに以下の項目もクリアしているようなら、なお安心。でも、すべてのチェックポイントをクリアする銘柄はまずないです。以下のような判断材料があることも知っておくとよいと思います。

●配当性向 50%以下 安定性

その年の純利益の何%を、配当金として株主に還元しているかを示す数値。日本取引所グループが出している「2022年3月期決算短信集計」によれば、全産業2082社の平均は33.08%でした。**そこで30〜50%が安定と思える数値**で、あまりにも高い数値の場合、企業の収益が減った時に減配の可能性があると私は思います。

●PBR（株価純資産倍率）1.5倍以下　割安性

企業の純資産（返済の必要がない資産）に対して株価が割高か、割安かを判断する数値。数値が低いほど割安で、**倍率が1倍を割れば割安と判断されます**。ただ、PBRが低いのはその企業に人気がなく、成長性がないと判断されて買う人が少ない可能性もあるので注意。

●営業利益率 10％以上　収益性

売上高から、仕入れや人件費、交通費などの経費をすべて差し引いた営業利益から算出される数値。本業でどれだけ稼いでいるかがわかります。**一般的な水準は10％ぐらい**です。

●自己資本比率 30％以上　安定性

会社の総資産は、返済する必要のない自己資本と金融機関からの借り入れなどの返済する必要のある他人資本で成り立っています。一般に総資産に対し、**自己資本比率が30～40％なら安定している、20％以下は倒産のリスクがある**と判断されています。

平成30年度の日本の企業の自己資本比率の平均は40.92％でした！

※2019年7月に中小企業庁が発表した資料「令和元年中小企業実態基本調査報告書」より

●利益剰余金 右肩上がり　安定性

利益剰余金とは利益を積み立てたお金で、配当金や設備投資、賃上げなどに使われます。このお金が当初の計画よりも多くなれば、増配（配当金を前年より多く出すこと）する可能性もアリ。逆に年々減少して、マイナスになっていたら、業績の悪化が考えられます。

PERやPBRなどを確認できる便利なツール

ここまで説明してきた様々な指標を簡単に確認できる無料のツールがあります。
過去からの推移と、現状をこの2つのツールで確認します。

IRバンク

https://irbank.net/

トップ画面から会社名を検索すると株価、EPS、配当金や剰余金の推移などが、棒グラフで、視覚的に確認できるのでおススメです。他にもPERやPBR、ROEといった株式指標も表示されます。

IRバンクの画面

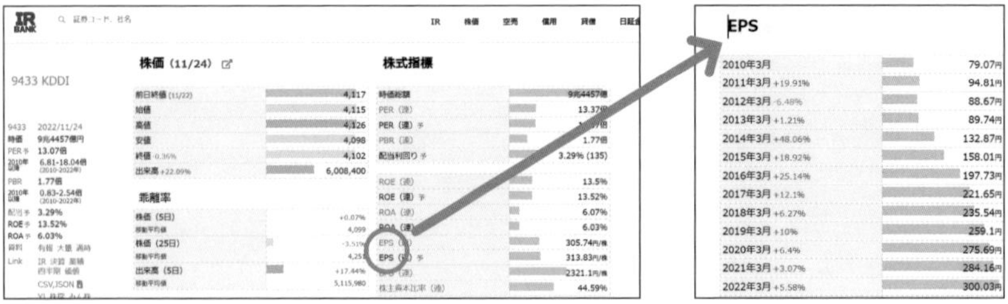

株式指標のEPSをクリックすると、EPSが右肩上がりかが確認できる。

バフェットコード

https://www.buffett-code.com

現状の配当利回りやROE、PBR、PERを確認するのに便利！　トップ画面に証券コードか、会社名を入れて検索すれば株式指標や財務の状況がわかります。

バフェットコード銘柄画面

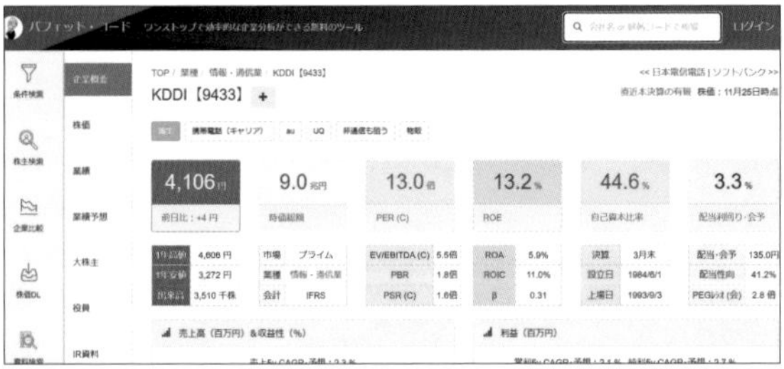

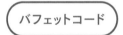

業種を分散させよう

好景気、不景気……景気は循環しているから、どちらになっても大丈夫なように、
銘柄を選ぶ時には『ディフェンシブ株』と『景気敏感株』に業種を分散させて選びましょう。

ディフェンシブ株とは

株価が景気に左右されにくい銘柄のこと。食品や製薬などの生活必需品、電気・ガス、鉄道、通信など社会インフラを事業内容としている業種。

景気敏感株とは

株価が景気に左右されやすい銘柄のこと。工作機械、自動車メーカーなどの製造業や製造業へ素材を提供する鉄鋼、化学などのメーカー、商社など。

一般に配当利回りがよい銘柄は『景気敏感株』のことが多く、そればかり買ってしまうことがあるので要注意。業種を分散させて銘柄を選びましょう。

ディフェンシブ株		景気敏感株	
代表的な業種	企業の一例	代表的な業種	企業の一例
食料品	日本たばこ産業、アサヒGHD、日本ハム、味の素など	輸送用機器	トヨタ自動車、本田技研工業、日産自動車、デンソーなど
医薬品	武田薬品、アステラス製薬、中外製薬、第一三共など	機械	三菱重工業、ダイキン工業、小松製作所、クボタ、マキタなど
水産・農林業	マルハニチロ、ニッスイ、極洋、雪国まいたけなど	鉄鋼	日本製鉄、神戸製鋼所、JFEHD、丸一鋼管など
電気・ガス	東京電力ＨＤ、関西電力、中部電力、東京瓦斯など	化学	三菱ケミカルG、住友化学、信越化学工業、レゾナックHDなど
陸運業	東日本旅客鉄道、ヤマトＨＤ、西日本旅客鉄道、東急など	精密機器	オリンパス、テルモ、HOYA、ニコンなど
小売業	セブン＆アイ・HD、イオン、ニトリHD、ビックカメラ、高島屋、良品計画など	卸売業	三菱商事、伊藤忠商事、三井物産、神戸物産、シモジマなど
不動産業	三井不動産、三菱地所、東急不動産HD、オープンハウスGなど	建設業	大和ハウス工業、積水ハウス、鹿島建設、住友林業など
情報・通信業	日本電信電話、ソフトバンクG、KDDI、エヌ・ティ・ティ・データなど	銀行業	三菱UFJフィナンシャルG、三井住友フィナンシャルG、みずほフィナンシャルGなど
サービス業	日本郵政、リクルートHD、楽天G、オリエンタルランドなど	電気機器	日立製作所、ソニーG、パナソニックHD、三菱電機など

1株から買える証券会社を使って分散投資しよう

個別株投資では様々な業種の株に投資する分散投資が、
リスクの軽減につながります。

通常の売買では基本的に最低取引単位は100株なので株価1,000円なら、1,000円×100株で10万円が必要です。
でも1株単位の投資なら、1,000円、2,000円など数千円単位で株が買えるので、少ない資金でも分散投資が可能です。また、株価が下がっても損失額は少なくてすみます。だから1株から買える証券会社もあるのでおススメ。もちろん、1株でも配当は出ます！
ただ、デメリットもあって、1株からだと指値注文（P106参照）はできず、売却手数料も割高です。また通常の株の売買が最低取引単位が100株なので、他の投資先からの注文と合わせて100株にまとめてから売買注文を出すところが多いので、1株だと買いたい時に買えなかったり、売りたい時に売れなかったりする場合もあります。

1株から買える証券会社

証券会社	最低売買手数料	取扱銘柄数	愛称
SBI証券	買付0円、売却55円	約3500銘柄	S株
楽天証券	買付0円、売却11円	約1000銘柄	かぶミニ
マネックス証券	買付0円、売却52円	ほぼ全銘柄	ワン株
LINE証券	株価×0.35％	約1500銘柄	いちかぶ
CONNECT	株価×0.5％	約400銘柄	ひな株
auカブコム	52円	ほぼ全銘柄	プチ株
SMBC日興証券	100万円以下は買付0円、売却株価×0.5％	約3900銘柄	キンカブ
岡三オンライン	2万円まで220円、3万円まで330円など	ほぼ全銘柄	なし
野村證券	550円	ほぼ全銘柄	まめ株

※2023年3月16日現在

自分なりのポートフォリオを組もう

1株から買える証券会社を使って、投資先の業種を分散させるためにポートフォリオ（どんな銘柄を何株持つか）を組んで確認してみましょう。

りりなのポートフォリオ（1例）

	業種	銘柄（コード）	保有株数
ディフェンシブ	食料品	日本たばこ産業(2914)	200
ディフェンシブ	医薬品	アステラス製薬(4503)	58
ディフェンシブ	情報・通信業	KDDI(9433)	100
ディフェンシブ	情報・通信業	沖縄セルラー電話(9436)	200
ディフェンシブ	不動産業	ヒューリック(3003)	300
ディフェンシブ	不動産業	サムティ(3244)	44
ディフェンシブ	不動産業	ケイアイスター不動産(3465)	21
ディフェンシブ	保険業	東京海上HD(8766)	54
景気敏感	石油・石炭	ENEOS(5020)	153
景気敏感	ゴム	ブリヂストン(5108)	30
景気敏感	電気機器	東京エレクトロン(8035)	3
景気敏感	卸売業	三菱商事(8058)	100
景気敏感	卸売業	伊藤忠商事(8001)	100
景気敏感	銀行業	三井住友ファイナンシャルG(8316)	200
景気敏感	銀行業	三菱UFJファイナンシャルG(8306)	67
景気敏感	その他金融	芙蓉総合リース(8424)	15
景気敏感	その他金融	ジャックス(8584)	28
景気敏感	その他金融	オリックス(8591)	100
景気敏感	証券・先物	SBIホールディングス(8473)	32
景気敏感	鉱業	INPEX(1605)	57

私は現在、左の表の銘柄を含めて28の会社に配当金目的で投資しています。ただ最初から28社ではなく、4年間かけてここまで増やしてきました。

「景気敏感株」と「ディフェンシブ株」が約半々で、いろんな業種の会社に投資していることがわかると思います！

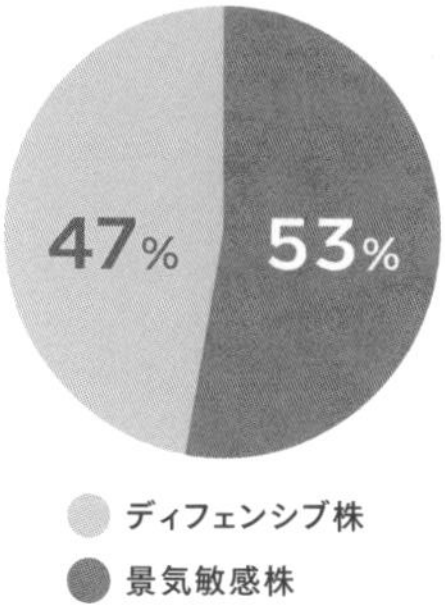

※保有株式の総額に対する比率

もし私が今「資金3万円ではじめるなら」と思って、ポートフォリオを組んでみました

約３万円でも1株から買えるなら、分散させて購入することが可能です。参考にしてみてください。

3万円のポートフォリオ

	業種	銘柄名	株数	株価※1	取得額合計	年間配当金	配当利回り
景気敏感	卸売業	三菱商事	1	¥4,646	¥4,646	¥180	約3.8%
ディフェンシブ	情報・通信業	KDDI	1	¥4,021	¥4,021	¥135	約3.3%
ディフェンシブ	不動産業	ヒューリック	2	¥1,077	¥2,154	¥92	約4.2%
ディフェンシブ	医薬品	アステラス製薬	2	¥1,930	¥3,860	¥120	約3.1%
景気敏感	銀行業	三菱UFJファイナンシャルG	5	¥972.6	¥4,863	¥160	約3.3%
ディフェンシブ	保険業	東京海上HD	2	¥2,717.5	¥5,435	¥200	約3.7%
景気敏感	証券・先物	SBIホールディングス※2	2	¥2,777	¥5,554	¥300	約5.4%
		合計			¥30,533	¥1,187	約3.9%

※1 株価は2023年2月14日の株価。
※2 SBIホールディングスは2023年期末配当は未発表。過去の実績から年間1株150円で計算しました。

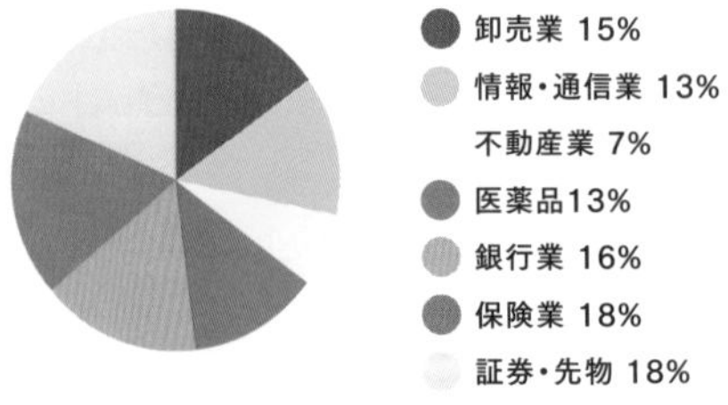
卸売業 15%
情報・通信業 13%
不動産業 7%
医薬品13%
銀行業 16%
保険業 18%
証券・先物 18%

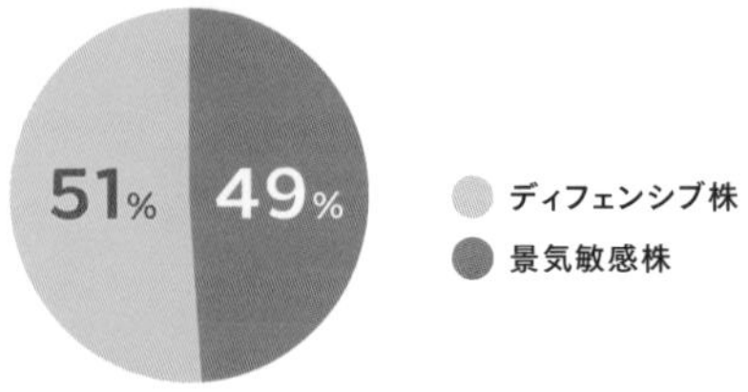
51%
49%
ディフェンシブ株
景気敏感株

配当利回りが高い銘柄は、「景気敏感株」が多くなりがちなので「ディフェンシブ株」も入れて3万円でもバランスを取ったよ。企業規模が大きい銘柄を選抜して、連続増配をしている銘柄を選ぶことで、株価上昇も期待！
1株4,000円台の銘柄もあるけど、単元未満株（1株ずつ）で購入できる証券会社を使えば複数の銘柄を少しずつ買い足すことができるよ！　配当利回りが約3.9%だから、銀行に預けるより高金利！

できれば、安い時に買おう！
株価チャートの確認の仕方

購入する時には、できるだけ安い株価で買えるように株価チャートでトレンドを見て、RSI（売られすぎ、買われすぎ）をチェックし、ボリンジャーバンドで底値圏を確認しよう！

まず株価チャートとは

株価の動きをグラフで表わしたもの。証券会社のアプリなどで見ることができます。チャートを構成している代表的な要素が『ローソク足』（ローソクのような形をしているからそう呼ばれる）。これで株価の値動き（始値、終値、高値、安値）を表わします。
またチャートには、ローソク足1本が1日の値動きを表わした『日足（ひあし）』、1週間の値動きを表わした『週足（しゅうあし）』、1か月間の値動きを表わした『月足（つきあし）』と呼ばれる種類があります。ローソク足の並び方や位置から、株価が下落中か上昇中か、今後どのような動きをするのかある程度のトレンドを読み取ることができます。でも、チャートを読むのは、初心者にはとても難しい！　はじめのうちは、株価がこういう動きをしているんだという参考程度に見るのでもよいかなと思います。

ローソク足には2種類ある！

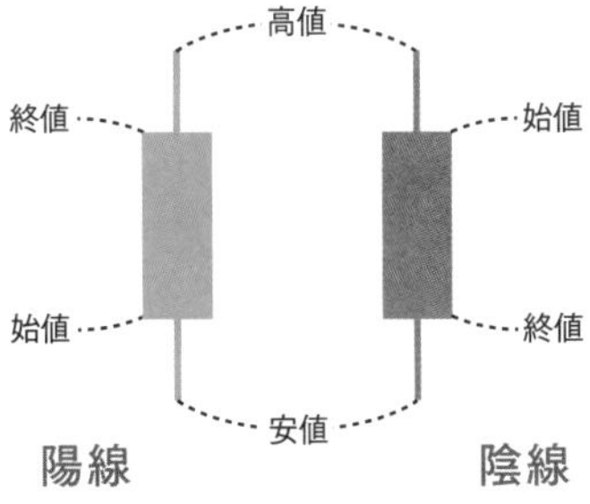

始値より終値が高い　　**始値より終値が安い**

※「陽線」と「陰線」は、ひと目でわかるような色分けをされていることが多い。

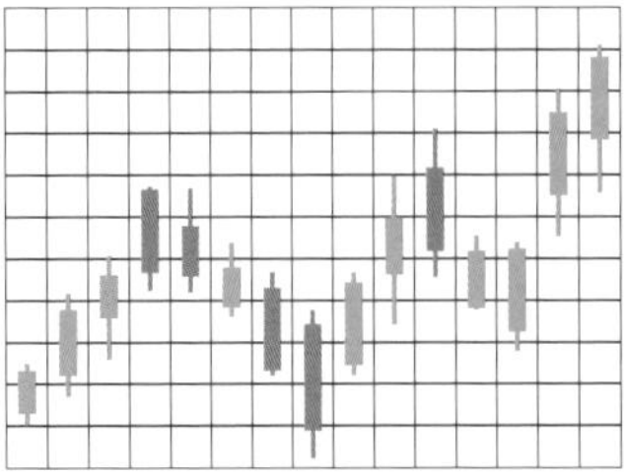

ローソク足は、チャートにこのように並んで、始値や終値の位置や高値（株価がどこまで上がったか）、安値（株価がどこまで下がったか）などを表わします。

りりなのチャートの見方

1. 最初に長期（月足）で値動きが右肩上がりになっているか見る

下のチャートを見ると、2012年頃から上下動を繰り返しながら右肩上がりに上昇。もし、下落が続き右肩下がりなら、この先もっと下落する可能性があるかもと思い、購入は見送ります。

アステラス製薬の長期（月足）のチャート（赤が陰線、緑が陽線）

2012年から長期的に
上昇している

※出典　TradingView
（トレーディングビュー）
https://jp.tradingview.com/

2. 次に日足を見て、ボリンジャーバンドとRSIから安く買えるタイミングを判断する

ボリンジャーバンドとは

株価の動く範囲を示したライン。動きの範囲はσ（シグマ）で表わされます。株価は、約95％の確率で－2σ～＋2σの間で動くということから、株価が－2σに近づいたら、底値圏と予測して買いを考える、＋2σに近づいたら天井圏と予測して売りを考えるというように売買の判断に利用されます。

RSIとは

株が「売られすぎ＝底値圏」か、「買われすぎ＝天井圏」かを判断する指標。一般に20～30％以下は売られすぎで、株価は割安となり、投資家が買い注文を出しはじめ、株価が上昇傾向に。70～80％は買われすぎで、株価が高くなり、投資家が売りに出すため、株価が下がる傾向があります。

判断基準

●ローソク足がボリンジャーバンドの−2σにタッチ

●RSIが30%以下

アステラス製薬のローソク足にボリンジャーバンドとRSIという指標を加えたチャート

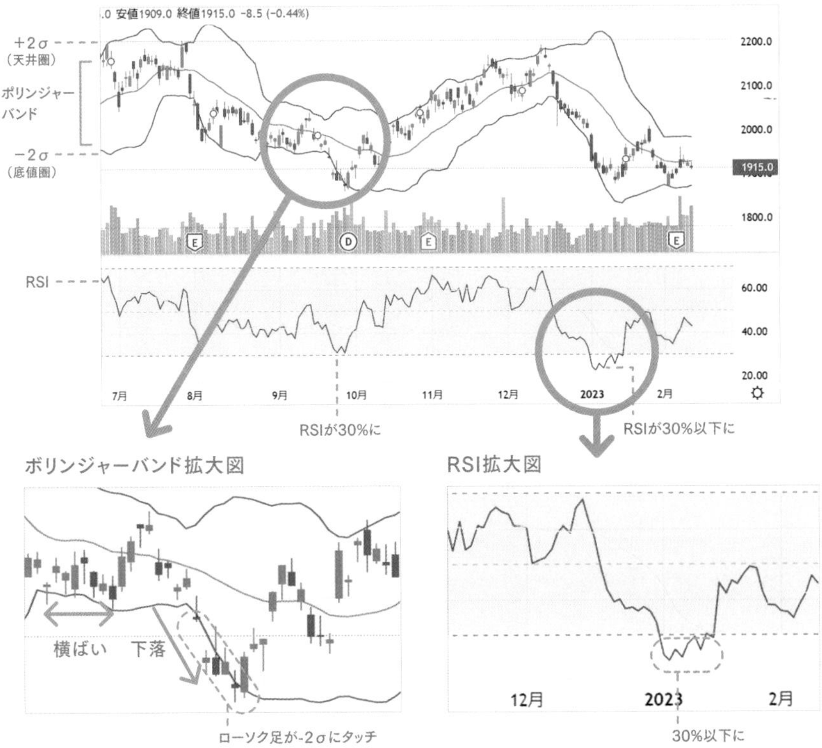

私は株価が横ばいから下落に転じ、ローソク足がボリンジャーバンドの−2σにタッチし、RSIが30%以下になった時に割安と判断し、購入を検討しています。

このチャートでは2022年9月下旬、2023年1月上旬に割安と判断できるタイミングがきました。ただ、ボリンジャーバンドが−2σ、RSIが30%以下になったと同時に買うのはNG。さらに下がることもあるからです。実際に買い注文を出すかどうかはその後ローソク足が上昇に変わるのを確認してから、判断しましょう。

ステップ3

株を購入する。あとは株を保有し、配当金をもらう

3

ポートフォリオを組んだ銘柄を購入しましょう。購入の仕方は100株なら、株主優待目的と同じで、「成行」か「指値」で注文します。ただし、1株の購入では指値注文はできず、成行のみになります。証券会社により、発注の方法は異なりますので発注前に必ず、確認してください。

☆配当金のもらい方

配当金も、権利確定日が来たら、すぐにもらえるものではなく、権利確定日から2~3か月後に支払う企業が多いです。また2回に分けて支払う会社もあります。

配当金のもらい方は、一般NISA、新しいNISAの成長投資枠を利用して配当金目的の投資をしている場合には、NISA専用の証券口座受け取りにしてください。郵便局や銀行で配当金を受け取ることもできますが、そうすると税金がかかってしまいます。NISA専用の証券口座なら非課税です。現金にしたい時は、一度、証券口座に配当金が入金されてから、銀行に移したほうが税金がかからずお得です。NISA専用の口座を使っていない場合は配当金から税金を引いた額が口座に振り込まれます。

配当金の計算書。

配当金が楽しみだね！
もらった配当金を、さらに投資資金にするもよし。家族で食事に行くもよし。日々の生活に＋αの潤いを！

株をするなら知っておきたいこと①

買い時や分散投資の大切さを教えてくれる Fear＆Greedと相場サイクル

米国株の売買で多くの投資家が参考にしているのが「Fear & Greed　Index（恐怖と欲望指数）」と「相場サイクル」です。日本株も米国株の動きに影響されて株価が上下するケースがあるので売買や分散投資の参考にするといいでしょう。カンタンに説明しましょう。

「Fear & Greed Index」は米国のCNN BUSINESSサイトにアップされる指数で、米国投資家の心理状態を表わしています。数値が低いほど投資家が弱気（Fear）になって株を売っている状態、高いほど強気（Greed）で買っている状態です。私は25以下は底値圏と判断し、日本株も米国株に連動して安くなる可能性があると考え、買いを検討しています。

『相場サイクル』は、株式相場には図のような４つのパターンがあり、これが順番にめぐり、株価が上下するという考え方です。これには政府の金融政策が関連しています。不景気の時に金利を下げると企業や個人は借金しやすくなり、消費が伸びて好景気になり、株価が上昇。反対に金利を引き上げると借金しにくくなり、消費が減って不景気になり、株価が下がる傾向があります。保有している株が下がっても相場サイクルがめぐってくればまた上昇する可能性があると思ってください。

相場サイクル

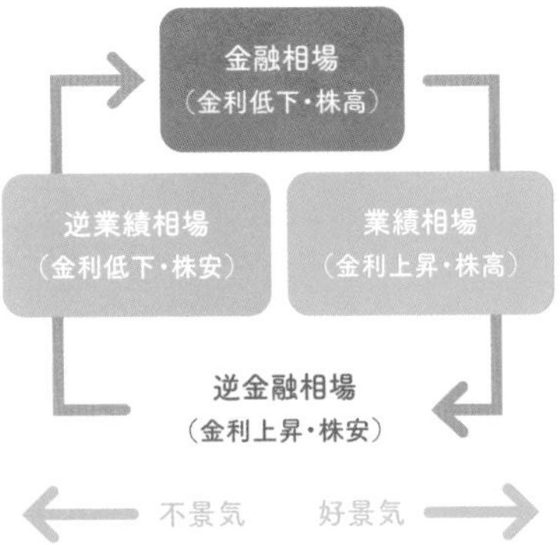

Fear & Greed

この画像は、指数59。Greed（欲望）なので、株が買われています。コロナ渦の時は指数1までいったこともあったよ。

株主優待＆配当金目的の投資Q＆A

初心者さんからよく聞かれる質問に回答します！

Q1 1株単位で買える証券会社がありますが、同じ会社の株が2社の証券会社合わせて100株になると株主優待はもらえますか？

A1 もらえます。例えば、株主優待がもらえる最低保有株数が100株だった場合、LINE証券40株、SBI証券60株で合計100株になったら、株主優待がもらえます。株主優待はその会社の株式名簿に名前と株数が載っていればもらえるからです。

Q2 優待目的での投資でも、業種の分散が大切ですか？

A2 分散は意識していません。優待銘柄って、飲食店の運営会社や食品会社などの業種に多いようです。最低保有株数も100株のところが多いので資金も高額。分散となると大金が必要です。なので業種の分散より、ほしいと思った優待のある会社の株を買っています。

Q3 株価がすごく下がり、業績も悪化しているけど株主優待を続けている企業への投資は控えるべきですか？

A3 私は、買いたくないな。そんな状況だったら、株主優待をいつ廃止するかわかりません。その上、株価がすごく下がっていたら、含み損を抱える可能性もあるので、あえてその企業を選ぶ理由がない。他の会社の株を買ったほうがいいと思います。

Q4 1株から優待をもらえる銘柄はありますか？

A4 あります。その場合の優待は自社商品の優待割引販売やオリジナルカレンダーなどです。このサイトで調べられます。
https://www.kabuyutai.com/special/miman_list.html

Q5 使用期限のあるクーポンなどが、いっぱいあったら管理をどうしていますか？

A5 株主優待のクーポン券は、まとめて専用の長財布に入れていて、外出する時に有効期限が近いものから、外出コースを決めて使っています。使用期限は半年、1年のものが多いようです。

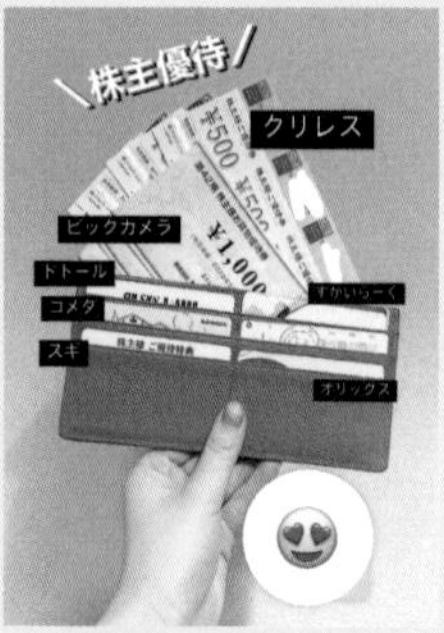

りりなの、株主優待専用長財布

Q6 配当金目当ての投資先の選び方で、最も重視しているポイントは？

A6 安定して配当を出し続けている企業なのかどうかです。
それには過去の配当金の推移を確認して判断しています。例えば2020年3月のコロナショックの時でも、配当を出したか、減配か、増配かでその企業が、苦しい時でも株主還元（配当に重きを置いてる企業なのか？）を頑張ってくれたかどうか？　を見ています。たとえ、減配していたとしても、その後配当を戻していたかも見ます。

Q8 配当金をもらったら確定申告が必要ですか？

A8 原則確定申告しなくてOK！　特定口座源泉徴収ありで取り引きしていれば、配当金に対する税金は、証券会社が処理してくれるよ！　ちなみに個人の配当金に対する税率は所得税・復興特別所得税15.315％、住民税5％の合わせて20.315％です。

Q7 例えば銀行など同業種に高配当銘柄がたくさんある場合は、どのような基準で購入銘柄を決めますか？

A7 収益性、割安性、安定性をチェックして選んでいます。P110参照。高配当銘柄を選ぶ時には、業種の他に「景気敏感株」か、「ディフェンシブ株」かを確認、どちらかに偏らず、バランスよく分散できるように選んでいます。

株をするなら知っておきたいこと②

損切り

株を購入した時より株価が下がってしまって、損を覚悟で売却することを『損切り』とか、『ロスカット』といいます。

損切りが必要なのは、このまま保有し続けたら、さらに株価が下落して損失額が膨らむ可能性や倒産の危険性がある時です。

例の一つが日本航空です。日本航空は２０１０年1月19日に経営破綻し、会社更生法を申請して倒産しました。当時、日本航空は東証に上場していましたが、経営悪化が伝わった前年の9月から下落がはじまり、上場廃止が決まり、2月19日に最終取引を終えた時、株価は1円でした。

その後日本航空は経営を立て直し、２０１２年9月19日に新たに上場しましたが、その時、株主の権利も株価も復活しませんでした。

確かに保有し続ければ値上がりする可能性もありますが、下落の原因が業績悪化なら、思い切って損切りしたほうがいい場合もあるかもしれません。そして、もっと成長性があり、株価が上がりやすい銘柄を購入したほうがいい結果につながることもあります。損切りを決意するのは難しい判断かもしれませんが、時には必要と覚えておいてください。

Column

初めてもらった配当金と優待。そして目的を持って投資しよう

初めての配当金は、2019年9月JTからでした。書類が届いて、こんなにもらえるんだ！ とビックリし、すごく嬉しかったのを覚えています。ところが、証券口座への振込額を見たら書類よりも少ない。「あれっ？」と思って、調べてみたら配当金からは約20％の税金が引かれることを知り、税金ってこんなに高いんだ……と初めて税金に向き合ったのです。だからNISAの非課税は本当に嬉しい！

そして初めての株主優待はオリックスです。これもすごく嬉しかった！　その時、他に優待をもらえる株を調べて、優待目的の投資を本格的にするようになったんです。

私は優待や配当金目的で購入した株は、たとえ一時的に元本割れしても、長期保有が前提なので基本的に損切りはしません。でも実は投資初心者の時、紹介された銘柄を軽い気持ちで買って、その後、下落。含み損になってしまい、損切りしたことがあります。

この経験から、いくら他の人がいいと言っても、自分にとって買う理由のない銘柄には投資しない、そう決めています。

iDeCo
（個人型確定拠出年金）

iDeCoも名前は聞いたことがあるけどよくわからない……
という人も多いはず。どんな制度か、メリットやデメリット、
はじめ方から受け取るまでの流れを説明します。

どんな制度？

iDeCoとは、国民年金基金連合会が実施している私的年金制度です。自分で掛金を出して、金融商品で運用して老後の資金を作り、60歳以降に年金または一時金として受け取る、公的年金にプラスできる年金というイメージです！　そして税制優遇が受けられるのが最大のポイント（P130参照）！　取扱いは国民年金基金連合会が委託した銀行や証券会社など金融機関が行います。iDeCoの対象となる金融商品には「定期預金」「保険商品」「投資信託」があります。この中から商品を選び、毎月一定の掛金を積立し、60歳以降に積み立てた掛金と運用益を受け取ります。

自分で拠出※

自分で設定した掛金額を積み立てていきます

※拠出（きょしゅつ）とは、特定の目的のためにお金を出し合うこと。
iDeCoの場合年金のためにお金を出し合うということ。

↓

自分で運用

自分で運用商品（定期預金、保険商品、投資信託）を選んで、掛金で運用して、老後の資金を準備します

↓

年金受け取り！

60歳以降、掛金の合計と運用益が受け取れます

※運用実績によって、個々の受け取れる金額が違います。
※受け取る時は、課税対象となります。

iDeCoのポイント

●公的年金ではないので、加入は任意。

●加入できるのは20歳以上60歳未満で国民年金の被保険者。ただし、国民年金の任意加入者、厚生年金加入者は65歳未満まで。

●金融機関、金融商品、掛金額は自分で決めます。

掛金額は月額5,000円以上、1,000円単位で決められ、最高限度額は加入者の職業により異なります。

iDeCoで投資や購入できる金額。NISAでいうところの「枠」と思って。

第2号被保険者
公務員・私立学校教職員

月額　**12,000円**

第1号被保険者
自営業など

月額　**68,000円**

※国民年金基金にも加入するなら合算で68,000円

第3号被保険者
専業主婦（夫）

月額　**23,000円**

第2号被保険者
会社員の場合

企業年金等に加入していない

月額　**23,000円**

企業年金等に加入している

●企業型確定拠出年金のみ加入の場合

月額　**20,000円**

●確定給付企業年金に加入の場合

月額　**12,000円**

iDeCoの3大メリット&4つのデメリット

なんといっても掛金の所得控除が受けられ、節税になるのがメリットです。

メリット

1. 掛金が全額所得控除される

掛金は、所得から差し引かれるので、所得税・住民税が軽減されます。

所得控除されると、その分、翌年の給料の手取り金額が増えるイメージだよ。これは嬉しい!

2. 運用益が非課税

通常、金融商品の利益には約20%の税金がかかりますが、iDeCoはNISAと同じく非課税です。

これも嬉しい!

3. 受け取る時も「控除」の対象

受給年齢に到達して一時金で受け取る場合は「退職所得控除」、年金で受給する場合は「公的年金等控除」の対象となり、所得税・住民税が軽減される場合があります。

デメリット

1. 60歳になるまで掛金を引き出せない!

原則60歳まで途中解約ができません。でも、掛金の支払いができなくなったら、支払いの停止や掛金額の変更はできます。ただ、加入者が死亡した場合と病気や事故などで障害を負った場合は、途中で引き出すことができます。

たとえ、教育資金や住宅購入資金が必要になっても引き出せないから、タイミングを考えて加入しよう!

2. 加入年数によって受け取れる年齢が異なる

60歳から受け取る場合は10年以上の加入期間が必要。10年に満たないと受け取り時期が後倒しに。ただ、60歳以上で初めてiDeCoに加入した人は、5年を経過した日から受給できます。

60歳から受け取りたい場合50歳以前からはじめる必要があるよ。

加入期間(※)	受け取れる年齢	加入期間(※)	受け取れる年齢
10年以上	60歳	8年以上10年未満	61歳
6年以上8年未満	62歳	4年以上6年未満	63歳
2年以上4年未満	64歳	1か月以上2年未満	65歳

※加入期間は「通算加入者等期間」で、掛金を払った期間と掛金を払わず年金資産の運用のみを行った期間を足した期間です

3. 手数料がかかる

加入時、運用中、受け取る時にそれぞれ手数料がかかります。運用期間中の手数料は、掛金の支払いを停止している間もかかり続けます。受け取る時の手数料も、その都度かかります。

	加入時	運用期間中			給付時(給付の都度)
		収納手数料	事務委託手数料	口座管理料	
支払先	国民年金基金連合会	国民年金基金連合会	事務委託先金融機関	運営管理金融機関	事務委託先金融機関
金額	2,829円	月額105円	月額66円程度	※月額0〜450円	440円

※金融機関によって金額が違います。

4. 元本割れすることがある

対象金融商品のうち「投資信託」は投資なので、NISA同様、元本割れすることもあります。

「定期預金」、「保険商品」なら元本確保型なので、積立金額の一部をこういった商品にするのもアリです。

iDeCoの3ステップ

iDeCOがどんな制度で、
メリットやリスクがわかったら、
実際のはじめ方を3ステップで紹介します。

ステップ1 **口座を開設する**
→P133

ステップ2 **銘柄を選ぶ**
→P134

ステップ3 **掛金を決め、運用する**
→P136

**運用をはじめたら60歳まで
引き出すことができないのが
iDeCoの特徴です。**

では3ステップをもう少し詳しく説明しましょう。

ステップ1

口座を開設する

1

iDeCoは都市銀行、地方銀行、信用金庫、証券会社、生命保険会社など約160の金融機関が扱っています。口座はiDeCo専用口座を開く必要があり、開ける金融機関は一人1社1口座に限られています。

金融機関により扱っている商品、毎月の手数料が異なります。手数料は運用中にずっとかかり続け、掛金や運用資産から引かれます。ですから、選べる金融商品が多く、管理手数料が安い金融機関を選ぶといいでしょう。金融機関を途中で変更することもできますが、注意点があります。

それは変更する際、自動的にそれまで積み立てた残高が一度売却され、現金化したものが次の機関に入金される点です。自分で売却のタイミングを選べないため、投資信託の場合たまたま相場が下がっていて、損をすることも。また手続きに時間もかかるので、最初に口座を開設する際しっかり金融機関を選びましょう。

加入申し込みの方法(インターネットの場合)

1. **サイトへアクセスし、加入者情報を記入して申し込む。**
2. **金融機関から申込書類一式が郵送されてくる。**
   ※申込書類一式を取り寄せなくても、ウェブ上ですべて処理できる金融機関もあります。
3. **申込書類に必要事項を記入。**
   ※会社員・共済組合員の場合は「事業主の証明書」が同封されてくるので勤務先に記入を依頼する(「事業主の証明書」は2024年12月で廃止の予定)。
4. **すべての書類がそろったら、返送すれば完了。**

ステップ2

銘柄を選ぶ

2

ｉＤｅＣｏの運用商品には「元本確保型」と「投資信託」があります。元本確保型は『定期預金』、『保険商品』で、元本は確保された上に利息が上乗せされていく商品です。投資信託は投資なので元本は保証されていません。投資信託の銘柄は各金融機関が選んだ商品で、ＮＩＳＡのように金融庁に届け出された商品ではありません。

２０１８年に確定拠出年金法で、各金融機関が提供できる商品数の上限は元本確保型も含め35本以下という規制が入りました。そこで運用商品のラインナップを変更し、新プランの取扱いをはじめた金融機関やＮＩＳＡと同じ銘柄の「eMAXIS Slim 米国株式」をはじめとするeMAXIS Slimシリーズをそろえている金融機関もあります。

つみたてNISA同様、iDeCoも投資信託には毎月、信託報酬がかかるので、銘柄を選ぶ時、同じ内容なら安いほうを選びましょう!

銘柄選びのポイント

商品は元本確保型と投資信託があります。内容をよく理解して、
リスクの許容度によって選びましょう。つみたてNISAのページも参考にしてみてください。

●元本確保型は安定しているがローリスク・ローリターン

「定期預金」や「保険商品」は、元本割れするリスクはないけど、リターンも少ないです。でも、定期預金は通常銀行に預けていると利息分に税金がかかりますが、iDeCoなら非課税！　ただ、現在の低金利政策が続く限り利息が安くてなかなか資産が増えず、毎月かかる手数料のほうが高くなる場合もあるので要注意。

●多少のリスクはあるが、資産を増やすという目的では投資信託を

「投資信託」は投資なので元本割れの可能性もありますが、リターンが元本確保型より高くなる可能性があります。

運用利益が非課税というiDeCoのメリットを活かすには、利益が小さい元本確保型より、利益が大きくなる可能性がある投資信託のほうがよいかもと思います。投資信託の中でも比較的リスクが少ないのは債券型、バランス型の商品です。

●リスクを自動的に調整してくれるターゲットイヤー型

投資信託の中にターゲットイヤー型という商品もあります。これは年金を受け取る時期に向けて、最初はハイリスク・ハイリターンの商品を多く組み入れ、年月を追うごとにリスクの低い商品へと自動で調整してくれて資産の守りを固めていくという商品です。名称に「２０３０」「２０５０」のようにターゲットイヤーをつけた商品が多いです。自分の年齢と運用を終了する時期を考えた上で、このような商品を選択するのも一つの手かも。ただし、信託報酬は少し高めです。

年数を重ねると自動的にハイリスク→ローリスクな銘柄に変更してくれるから、ある程度ほったらかしにできて、資産管理に時間が取れない人にはいいかも！

ステップ3

掛金を決め、運用する

3

掛金は年に1回変更が可能です。最初から上限額いっぱいにするのではなく、少ない金額ではじめ、徐々に金額を増やしていくのも、リスク軽減になり、初心者にはおススメです。

スイッチング（運用商品Aという商品を売却してBという商品に買い替えること）もできます。その際、手数料はかからず、金融機関のサイトからできます。スイッチングの他に掛金の比率を変更する配分変更もできます。配分変更なら、今まで保有していた商品を売却せずに新しい商品を増やすことができます。配分変更は1％からできます。そこで自分が興味を持った商品に1％だけ投資して様子を見て掛金の比率を増やしていくのも可能です。

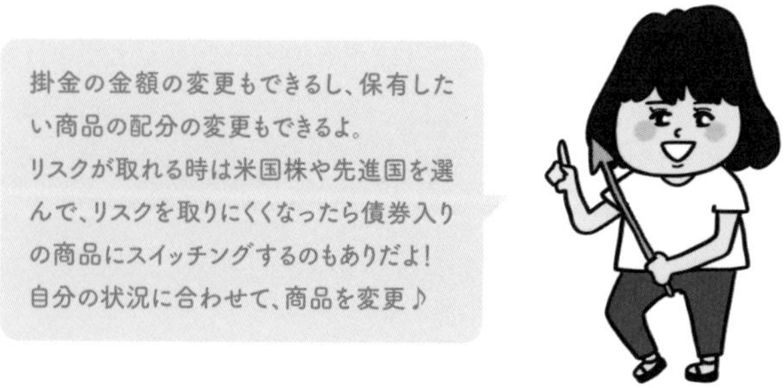
掛金の金額の変更もできるし、保有したい商品の配分の変更もできるよ。
リスクが取れる時は米国株や先進国を選んで、リスクを取りにくくなったら債券入りの商品にスイッチングするのもありだよ！
自分の状況に合わせて、商品を変更♪

iDeCoの受け取り方

加入時に受け取り方を指定する必要はないですが、
先にいつどう受け取りたいか考えておくといいでしょう。

1. 老齢給付金

受給可能な年齢になったら受け取れます。方法は「一時金」と「年金」があり、75歳になるまでの間で、受給開始日を自分で決められます。

60歳になったらすぐに受け取らなくても、仕事をしている間は運用を続け、完全にリタイアしてから受け取るのもOKです。

一時金

掛金と運用益をまとめて一度に受け取る方法です。この場合、一時金から退職所得控除額を引いた半分が、課税対象になります。

年金

年金には2つの方法があります。
①年金として定期的に受け取る方法
②一部を一時金として受け取り、残りを年金として定期的に受け取る方法。

一時金は「退職所得控除」、年金は老齢基礎年金や厚生年金と同じように「公的年金等控除」の対象です。控除の計算は退職金や公的年金と合算して行います。年金の受給回数は毎月、年1回、年2回、年3回、年4回、年6回の中から選べます。受給の都度、440円の手数料がかかるのでよく考えて回数を決めましょう。

2. 障害給付金

加入中に障がい者になった時には、障害給付金として受け取れます。受け取り方は一時金か年金から選ぶことができ、どちらも非課税です。

3. 死亡一時金

加入者が死亡した時には、遺族が掛金と運用益を合わせて死亡一時金として受給できます。この場合は控除はなく、相続税の課税対象となります。

企業型確定拠出年金（企業型DC）についても知っておこう

iDeCoのように老後資金を作る制度に、企業型確定拠出年金（企業型DC）があります。
会社が企業型DCなんだけどよくわからないという人のために、どんな制度か？
iDeCoと何が違うのかなどカンタンに説明します。

どんな制度？

勤務している会社が毎月掛金を出してくれ、自分で金融商品を選んで積立運用をして、60歳以降に受け取る制度です。
企業型DCは取り入れている会社と取り入れていない会社があります。
金融機関は、会社が委託した銀行や証券会社などになるので自分で選ぶことはできません。
運用対象の金融商品は金融機関が選んだ定期預金や保険商品、投資信託です。
運用益は非課税で、受給時の控除が受けられます。基本的に６０歳まで引き出せないこと、投資信託を選んだ場合元本割れする可能性もあります（もちろん、大きく増える可能性もあります！）。

メリット

- **会社が掛金と原則として手数料を出してくれる**
- **会社が出してくれた掛金も、自分の資産になる**
- **iDeCo同様、税制優遇措置がある**

（受給時、一時金なら「退職所得控除」、年金なら「公的年金等控除」が受けられ、税を軽減できます）

りりなの簡略イメージ

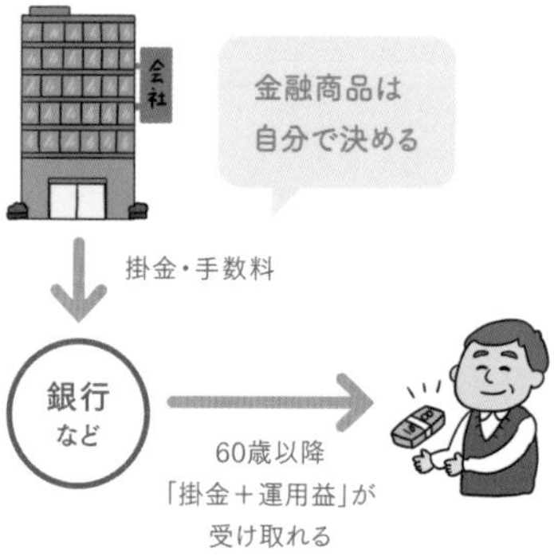
会社
金融商品は
自分で決める
掛金・手数料
銀行
など
60歳以降
「掛金＋運用益」が
受け取れる

企業型DCで知っておきたいこと

●掛金を上乗せする『マッチング拠出』ができます

会社が出してくれる掛金に加えて、上限金額まで自分の給与から天引きで掛金を上乗せすることができます。そして、自分が上乗せした掛金については、全額所得控除の対象となり、所得税・住民税が軽減されます！

※ただし、会社がマッチング拠出制度を採用している場合に限られます。
※上限金額は、会社の掛金と上乗せ金額を合わせて月5万5,000円。また、確定給付企業年金に加入する場合は月2万5,000円までです。

●企業型DCに加入している人もiDeCoにも加入できます

会社が出してくれる掛金に加えて月額2万円まで、さらに上限金額まで自分で掛金を払って加入することができます。そして、iDeCoの掛金については、全額所得控除の対象となり、所得税・住民税が軽減されます！

※ただし、マッチング拠出をしている場合、加入できません。
※上限金額は会社の企業型DCの掛金とiDeCoを合わせて月5万5,000円。また、確定給付企業年金に加入する場合は月2万5,000円までです。

●注意！　退職したら自分で「移換手続き」が必要！

60歳前に退職したら、その後の立場に応じた手続きをしなければなりません。手続きは会社を辞めた月の翌月から起算して6か月以内に自分でする必要があります。手続きの方法は会社が委託している金融機関または会社の担当者に聞き、自分で行ってください。
転職先に企業型DCがあれば今まで積み立ててきた資産を転職先の企業型DCに移します。企業型DCがなければiDeCoに移します。
退職後に自営業をはじめたり、就労しない場合もiDeCoへ移します。

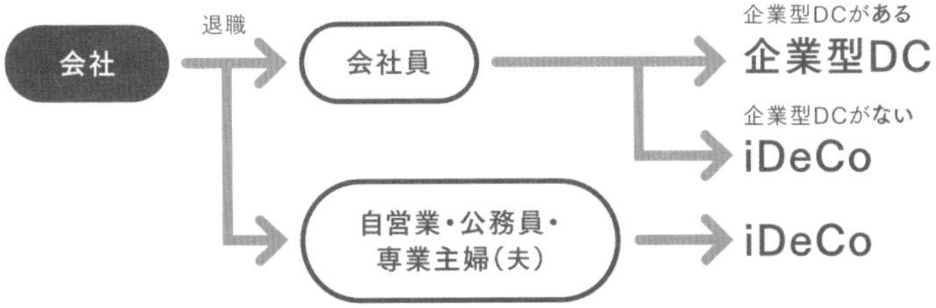

iDeCoと新しいNISA（つみたて投資枠）と企業型DCの違い

iDeCoとNISAはどう違うの？　どちらをやったらいいかな？
iDeCoと企業型DCって何が違うの？　という人のために一覧にしました。

同じこと（主な）

● **投資方法が毎月定額を投資する積立。**

● **運用益が非課税！**

違うこと（主な）

● **NISAは途中解約可だけど、iDeCo、企業型DCは原則60歳まで解約できない。**

● **NISAは所得控除がないが、iDeCo、企業型DCは所得控除を受けられる。**

他にもいろいろな違いがあるから、下の表でチェックしてください！

名称	新しいNISAつみたて投資枠	iDeCo	企業型確定拠出年金（企業型DC）
加入条件	国内在住の18歳以上	国民年金の被保険者で20歳以上60歳未満※1	厚生年金の被保険者（70歳未満）
非課税運用期間	無期限	75歳まで	75歳まで
最低積立金額	100円～	5,000円～	企業により異なる
年間上限金額	120万円	14万4,000円～81万6,000円	33万円～66万円
積立対象金融商品	金融庁の基準を満たした投資信託、ETF（上場投資信託）	金融機関が選んだ定期預金、保険商品、投資信託	金融機関が選んだ定期預金、保険商品、投資信託
金融商品の買い方	積立	積立	積立
引き出し制限	なし	60歳まで不可※2	60歳まで不可
所得控除	なし	掛金の所得控除が受けられる	マッチング拠出の分は所得控除が受けられる
税金の優遇措置	運用益が非課税	運用益が非課税	運用益が非課税
手数料	なし	加入時・運用管理・受給時に手数料あり	各種手数料は会社が原則負担。自己負担もあり

※1　国民年金任意加入者と厚生年金加入者は65歳未満まで。

※2　iDeCoと企業型確定拠出年金はそれぞれ、または合わせて加入期間が10年以上なら60歳から引き出せる。

Column

60歳まで引き出せないから よく考えてはじめてほしい

私がiDeCoをはじめたのは20代。当時、仕事を辞めるなんて思ってもみませんでした。仕事が楽しくて定年まで働くと思ってiDeCoをはじめたけど、会社を辞めることに……。専業主婦になってiDeCoをどうしようかと悩みました。ストップはできるけど、手数料がかかり続ける。

そこで、2万3,000円満額やっていたのを、最低掛金の5,000円に変更して継続することに。iDeCoは60歳になるまで資金がロックされてしまいます。引き出せないから無駄遣いできなくてよいという人もいるけど、子どもが生まれて、教育費が必要になってもiDeCoのお金は引き出せない。2024年から新しいNISAがはじまって、1人当たりの生涯投資枠が1,800万円になりました。私としては、いつでも資金を引き出せる、つみたてNISAや新しいNISAを優先してから、子育てが一段落して少しお金に余裕ができてからiDeCoの運用を考えるのでも遅くないのかな？　と思います。ただ、所得控除のメリットがあるので節税したい人にとっては検討してみるのもアリでしょう。

おわりに

この本を手に取ってくださり、
りりなに出会ってくださってありがとうございます。
私自身、もともと金融業界で働いていた経験もなく、
独学でお金・投資の知識をつけてきました。
そして「何者でもない。主婦の私ができたこと」を
たくさんの人に伝えたいと思って、
発信してきました。

私の人生を大きく変えてくれたのは、紛れもなく投資です。
会社員時代の私は、お金は自分が働いてしか得られないという、
完全に労働マインドでした。
だから退職した時に、
お金に対する不安が大きくなったのだと思います。
でも投資をはじめたからこそ、お金が働いてくれることも知れたし、

将来に対する不安もなくなりました。
そして社会やお金に興味を持ち、世の中に対する見方も変わり、
返礼品や株主優待などの楽しみも増えました。

私は今、2歳の子どもを育てているママです。
これからは自分で資産運用が必須な時代となるでしょう。
子どもは親の背中を見て育ちます。
親の私が資産運用をしている背中を見せられたら、
子どもの将来も変わってくるかもしれないとも思っています。

さあ、主婦の私と一緒に、できることからはじめましょう。

「お金に対する不安を持つ人が、
少しでも少なくなりますように」という、
私の思いが届きますように。

りりな

りりな

主婦投資家／1990年生まれ。元低収入女子の30代主婦。夫と令和3年に生まれた男の子と暮らす。2018年結婚を機に、将来のお金に対して漠然とした不安を感じ、知識ゼロから家計管理と投資に向き合う。最初につみたてNISAから投資をはじめ、日本株、米国株、リートなど、守りと攻めの二軸で初心者もできる資産運用を実践している。家計管理×投資で、結婚5年目で総資産3000万円を突破！　現在は、「楽しく賢く資産運用する主婦」として、投資についてInstagramを中心に、YouTube・Voicy・ブログで発信している。テレビ出演、講演会の登壇、雑誌掲載などのメディア出演も多数。

Instagram　@kakemane
YouTube　https://www.youtube.com/@kakemane

はじめ時《どき》はいつも今《いま》
主婦《しゅふ》にやさしいお金《かね》の増《ふ》やし方《かた》BOOK《ブック》

2023年 5月 2日　初版発行
2024年 2月20日　10版発行

著者　りりな
発行者　山下 直久

発行　株式会社KADOKAWA
〒102-8177　東京都千代田区富士見2-13-3
電話0570-002-301（ナビダイヤル）

印刷所　TOPPAN株式会社
製本所　TOPPAN株式会社

●お問い合わせ
https://www.kadokawa.co.jp/（「お問い合わせ」へお進みください）
※内容によっては、お答えできない場合があります。
※サポートは日本国内のみとさせていただきます。
※Japanese text only

定価はカバーに表示してあります。

ISBN 978-4-04-606121-8　C0077